[中學生]晨讀10分鐘

幸福的正向練習

陳志恆 選編

目錄
contents

Chapter 2 維繫關係

Chapter 3 迎接挑戰

Chapter 4 實現價值

選編人的話

你為什麼不該追求幸福？

對你而言，幸福是什麼？

過去，我曾在大學裡進行諮商心理師的全職實習。當時，在某次活動中，透過街頭訪談及問卷調查，蒐集校園師生對於幸福的看法。我們問的問題正是：「對你而言，幸福是什麼？」

想當然爾，蒐集到的答案五花八門，包括：

「幸福就是與愛的人相處在一起！」

「幸福就是取消期末考！」

「幸福就是好好享用一頓豐盛的早餐！」

「幸福就是每天感到很快樂！」

「幸福就是身體健康、沒有病痛！」

還有人寫：「能活著本身就是幸福！」

每個人對幸福的定義都不同，有些具體；有的十分抽象，這通常反應當事人此刻的處境與內在狀態。

幸福與成功，誰是因、誰是果？

近五十年來，隨著「正向心理學」（Positive Psychology）的興起，越來越多心理學家將關注的焦點，從探究及解決人們的心理困擾，逐漸轉移到人們如何變得更快樂，而「提升幸福感」便是正向心理學領域研究的主題之一。

又隨著心理學知識的普及，普羅大眾也漸漸將「幸福」一詞掛在嘴邊。大家逐漸體認到，不管人生的際遇如何，能夠感到幸福是相當重要的。

許多心理學研究都指出，出類拔萃、功成名就或家財萬貫，這些世俗所看重的成就水準，不一定能為你帶來幸福；然而，如果你能感受到幸福，卻能讓你心態積極、充滿活力，更富有創造力，同時也更容易成功並實現夢想。

這個道理並不難懂。你可以回想一下，你的一生中，什麼時候感到最快樂、最幸福？而當時發生了什麼事？

就我而言，在二十幾歲，碩士班剛畢業，教師甄試放榜的那一天，得知自己成為公立學校正式教師的那一刻，我內心的喜悅與興奮，攀升到人生最高峰。當時我認為，自己就是世界上最幸運的人。因為我的夢想實現了，從此，我會一直過著幸福的人生。

很快的，這種欣喜若狂逐漸遞減。進入教職以後，隨之而來的是種種挑戰與壓力；我不再有當初的幸福感，甚至，有時我會厭倦我每天正在做的事情。

是的，我成功了，但我並不感到幸福；或者說，幸福感沒有維持太久，稍縱即逝。或許從小到大，你也有不少類似的經驗，包括考試成績優異、贏得比賽、完成任務、告白成功等，這些成就所帶來的開心與喜悅駐足不久；甚至，你以為你會感到十分幸福，事實上卻也還好。

但反過來，若你能持續處在幸福的狀態中，你將能為自己創造更多在學業、職場、家庭、友誼、健康或財富上的成就。

於是，你會問：「我們該如何追求幸福呢？」

沒錯，這本書就是要為你指引獲得幸福的途徑。

幸福無法直接獲得，只能間接追求

正向心理學家塔爾・班夏哈（Tal Ben-Shahar）在其著作《更快樂的選擇：哈佛史上最受歡迎的正向心理學，五個面向鍛造反脆弱韌性，建立心理復原力！》中提到「幸福悖論」，就是當你處心積慮想變得更幸福時，反而會讓你感到失望，更不容易感受到幸福。

所以，如果你想要幸福，前提是你不能強烈執著於要獲得幸福。

你得繞個彎，從組成幸福的各個要素出發，去建構出你的幸福，也就是塔爾・班夏哈說的「間接追求幸福」。他認為，幸福包含了五個核心要素：

一、精神上的幸福（Spiritual wellbeing）：能夠有意識、有目的的活著，能擁有意義感與使命感，在精神層次上感到滿足。

二、身體上的幸福（Physical wellbeing）：健康且舒暢的身心狀態，懂得照顧自己，適當的休息、運動與放鬆，保持生理和心理上的健康。

三、智識上的幸福（Intellectual wellbeing）：指的是保持好奇心，不斷學習與吸收新知，鍛鍊自己的大腦，並接受挑戰與自我突破。

四、關係上的幸福（Relational wellbeing）：擁有健康與良善的人際關係，與周遭的人有所連結，而能感受到愛與被愛，並擁有歸屬感。

五、情緒上的幸福（Emotional wellbeing）：感到內心愉悅、滿足、欣喜、開心，並有能力應對困擾，從沮喪或挫折中復原。

你可以透過這五個要素來衡量自己的幸福程度，也可以從這五個要素著手，來增加自己的幸福感。

幸福三元素

日本身心科醫師樺澤紫苑則從生理學的角度來看待幸福，認為會帶來幸福感的神經分泌物質，就是幸福的組成要素，主要包括：血清素、催產素和多巴胺三者，稱為「幸福三元素」。

血清素能為你帶來愉悅、平靜的心情，使你身心健康。催產素會在你與他人有情感交流及深度連結時產生，會促使你關愛及照顧他人。多巴胺則在我們完成挑戰、獲得成功與受到肯定時大量分泌，讓你擁有成就感，並想要做得更多、更好；當然，你打手遊破關時，多巴胺也會大量分泌。

只要能分別找到促使這三種荷爾蒙分泌的途徑，就能創造出幸福。

然而，樺澤紫苑也提醒我們，幸福是有層次與順序的，先要有血清素帶來身心健康，再來追求催產素帶來與他人的關係連結，最後才是由多巴胺取得成就。

順序反了，不但不會創造幸福，反而會陷入痛苦之中。許多一路上過關斬將，在學業或工作上鶴立雞群的人，成就超凡但卻無法感到幸福；因為他們的身體過勞、內心不平靜、缺乏歸屬感。他們搞錯幸福的順序，所以，就算功成名就也難以真正獲得幸福。

幸福是可以練習的

綜合塔爾．班夏哈和樺澤紫苑，以及眾多研究幸福主題的學者的看法，我在本書中將幸福分成四個主題來探討，包括情緒安定、維繫關係、迎接挑戰與實現價值。透過二十篇選文，帶你認識與反思在這四個主題上，如何做得更好，讓自己更接近幸福一些些。

一、**情緒安定：**包括如何因應負面情緒、自我安頓、在生活中感受愉悅、調適壓力，以及創造更樂觀的思考模式。

二、**維繫關係：**包括受歡迎的祕訣、經營與維繫友誼、親密關係與愛，以及如何有效溝通與表達關心。

三、**迎接挑戰：**包括如何有效設定目標、釐清金錢與快樂的關係、培養與維持好習慣、如何面對失敗等議題。

四、實現價值：包括助人與貢獻自己、守護價值、社會正義等，能帶來人生意義與目的的活動。

事實上，你不該只想著如何獲得幸福，而是應該關注在上述與幸福有關的主題上，透過身體力行與不斷練習，日積月累之下，你就能感受到幸福離我們真的不遠。

推薦文

幸福的正向練習，也是人生的智慧所在

■米露谷心理治療體系策略長　陳品皓

收到志恆心理師的書稿時，我對書名相當好奇。

對於一個年過四十的中年大叔來說，關於幸福這個主題還真令人嚮往，同時也帶著不少疑惑。畢竟幸福是什麼？如何能夠得到幸福？我相信這是許多人在人生中，多半會有的期待或是想望。而我們總是花了好長一段時間才發現，好像幸福並不如我們所想像的那樣唾手可得。我相信許多此刻正翻著本書的讀者們，心中對於「幸福」，同樣也有著類似的嚮往與好奇。

幸福，究竟要怎麼做？

志恆心理師一開始就幫我們把對幸福的迷思與疑惑說清楚：「幸福無法作為一個直接追求的目標，而是從構成幸福的元素中，一一獲得。」

於是我們理解，這將會是一段關於幸福的旅程。而每一個組成幸福的元素，在之後的篇章中，都由志恆心理師從當今眾多優質的作家中，精選出既能呼應幸福核心元素，同時又深具代表性和啟發性的經典文章。

在閱讀之間，我們不只從作者的經驗中學習，也從文章蘊含的智慧裡得到對人生的體悟。每一篇都值得好好咀嚼再三，我相信讀者都會有相當豐富的收穫。我自己就很喜歡〈掌握四步驟，做好向上溝通〉這一篇文章中，最後志恆心理師分享他和女學生在演講現場的對話。在女學生的質問和志恆的回應與引導之間，不僅溫柔體恤的看到兩代之間的為難，也帶進了睿智的勉勵。

而這也是我喜歡這本書的原因之一；每一篇文章末，都有志恆依據文章的核心要義，佐以精心調配的「幸福練習室」，讓我們得以理解與吸收文章的精華。

我相當喜歡本書的精神。在作為中學生晨讀的選材中，如果能有一位人生閱歷豐富、視野廣闊的教練陪伴，帶領讀者們穿透文章，領略背後的意義，同時又能夠呼應到人生中的許多智慧與理解。這樣的形式對每一位讀者來說，都將獲益匪淺。而我所欣賞的志恆心理師，便是在書中扮演著這樣一位睿智的教練。

同時，過曝世代所面臨許多成長階段中必經的迷惘、困惑、失落與徬徨，在和網路效應共伴交錯、交互放大之下，要尋求內心的安穩已經不是一件簡單的事情，就更別說對於幸福感的追求。

好在隨著志恆心理師《晨讀10分鐘：幸福的正向練習》新書問世，我相信這將會為過曝世代的讀者們，重新帶來內心平穩的力量。

推薦文

時時練習正念，幸福將離我們越來越近

■新北市立丹鳳高中圖書館主任　宋怡慧

《晨讀10分鐘：幸福的正向練習》是編選人陳志恆心理師透過幸福的四大面向讓讀者能拾獲通往幸福之門的鑰匙，同時輕鬆的開啟它。就像電影《當幸福來敲門》提到的：「對很多人來說，幸福是名詞，對他而言是動詞，有夢想、目標就要全力以赴去爭取。」

這本書讓年輕讀者清晰理解「幸福」的概念，從「情緒安定」開始讀起，你就能找到平靜之心。就像有人說的：「你不能左右天氣，但你能改變心情。」無論面對挫敗或無常的逆襲，若能擁有堅定的信念和安定的情緒，就能讓放鬆成為一種生活習慣。還有，時常抱持「我可能錯了？」的覺察，就會明白，幸福需要刻意練習，才能讓幸福感越來越豐盈飽滿。

最近有部夯劇《淚之女王》提及：「我現在要更專注於蒐集幸福的回憶，而不是股票或股份。」過去，我們可能會認為幸福來自於金錢、權勢，但真正的幸福是來自平凡生活之中，人與我、人與事累積而來的微小幸福，讓我們在難過的時刻，可以在喜歡的人身邊取暖、依傍。即便日子再難熬，難關再難過，你都能咬牙堅持下去，因為你懂得用幸福儲蓄的做法，讓強大的幸福心態去扭轉人生的黑暗。

法國作家羅曼．羅蘭說過：「世界上只有一種真正的英雄主義，那就是在認識生命的真相後，依然熱愛生活。」因此，用正向的情緒去迎接生命的挑戰，從挫折中省視自己是否有調整、成長的空間。不完美的人生恰好是砌成幸福城堡的磚石，它需要用自身行動去打造。因為幸福不是從天而降的奇蹟，每個人都有要面對的挑戰與困境，憑藉正向的信念終能扭轉逆境，贏回幸福的人生。

陳志恆老師選文的鋪陳與閱讀節奏的設計，十分細膩與用心，尤以「實現價值」

作為探究幸福的最終曲，強化幸福的實踐力。當我們把眼光聚焦在得到而非失去，就能替幸福找到自愛與助人的嶄新詮釋；當我們以積極正面的心態去面對生活的磕磕碰碰，日常的曲曲折折，並從中鍛鍊內在的價值感，注入身心幸福的所在。同時，享受知識帶來的思考跨域，並能穩定良善關係讓情緒愉悅。就像作家角子說的：「你總會走過那場傷心，把它變成過程中的風景的。」每個經歷都在實現人生的價值，沒有白走的路，只是慢一點到，繞路而已。

我十分驚豔文末「幸福練習室」的單元，陳志恆老師透過字裡行間傳遞成長型思維的價值，並以正向心態去引導讀者，讓我們在深入淺出、寓教於樂的閱讀經驗中，覺察內在狀態，進而突破人生困境，找到易於實踐的幸福指南。

「幸福感存在於我們日常生活中的每分每秒」，只要時時練習正念、多加換位思考，幸福不只會離我們越來越近，我們也能成為幸福的播種者和踐行者，讓世界因我們的存在而幸福滿溢。

推薦文

找到生命航程裡最珍貴的幸福尋寶圖

■臺中惠文高中教師兼圖書館主任　蔡淇華

「我覺得這兩年，臺灣人很容易不快樂。」在臺中南屯黃昏市場，十秒高音頻的汽車喇叭聲後，忙著製作肉夾饃的新住民老闆娘抬頭微笑說。

我放下摀住耳朵的雙手，不禁好奇：「老闆娘每天被這些焦躁的汽車駕駛轟炸，怎麼受得了？」

「我不會受影響的，因為我的內心很平靜。」老闆娘如菩薩開示般的回答，完全呼應《晨讀10分鐘：幸福的正向練習》的內容。

陳志恆心理師在書中，提到日本身心科醫師樺澤紫苑的「幸福三元素」。原來幸福的組成要素主要包括：血清素、催產素和多巴胺三者，稱為「幸福三元素」。血清素帶來平靜；催產素在與情感交流時產生；多巴胺則在完成挑戰時分泌。但幸福是有順序的，先要有血清素帶來內心平靜，再來追求催產素與他人連結，最後才由多巴胺取得成就。順序反了，反而會陷入痛苦之中。

看完志恆心理師編著的新書，我瞬間秒懂，這位新住民老闆娘已掌握幸福的第一要素，但那些荒廢學業打手遊的青少年，或是每日在聲色犬馬中追求刺激的大老闆，最後一定不會幸福。

就像一位高中死黨，在當了大律師，月收入超過兩百萬時，每次找我喝悶酒，老是語出驚人：「我好想現在死了算了。」原來他沒有追求內心的平靜，把時間都花在尋求事業成功，和對美色的追逐。他無法和家人朋友在交流時產生連結的催產素，因為家人無法感受他的愛，也不再愛他。所以即使每天迎向挑戰，分泌大量的多巴胺，內心仍是空的。死黨最後因血清素分泌不足，得了重度憂鬱症，失去比財富更寶貴的「幸福」的感覺。

高中的時候，我們拿著一樣的課本，參加一樣的考試，將考上的校系和未來的名、權、利，都當成幸福的標準。現在才知道，那些只是表象。

人生真正要追求的，絕對是有內涵的幸福。而這樣的幸福，有基本元素、有追求邏輯、有練習方法，這些才是每一個年輕的水手，站在生命啟航的港口，最需要的「幸福尋寶圖」。今天看見陳志恆心理師費心編寫的《晨讀10分鐘：幸福的正向練習》出版，我終於找到這張尋寶圖了。

期待所有人打開這張幸福的地圖，慢慢航向情緒安定、自我安頓、調適壓力、維繫友誼、親密關係、有效溝通、設定目標、面對失敗等港口，最後抵達「實現自我」的快樂所在。

是的，生命七海航行，激流暗礁處處，我們都需要一張尋寶圖，避開這些會擊碎我們的險境，才能找到自己的幸福寶藏！

Chapter 1

情緒安定

生活是由每一個片刻所組成，
累積越多內在平靜的片刻，
你將擁有越多幸福感。

引言 Introduction

平靜而穩定的身心狀態，是一切活動的基礎

有一次，我前往一所學校對學生演講，談到情緒安頓與自我照顧。會後有一位全程聆聽的老師拉著我說：「志恆心理師，你今天分享的主題，實在是太重要了！」「我發現，現今的孩子情緒管控能力不佳，要不是容易沮喪低落、擺爛放棄，不然就是容易在暴怒之下做出衝動破壞的行為。」我很同意他說的，但年輕學子情緒控管不佳的問題，不只出現在今日，過去也有。

也就是說，情緒教育一直是學校教育過程中，被忽略的一環。

很多大人對孩子的課業學習感到憂心忡忡，特別是學習動機低落的學生。孩子

為什麼學不好、學不來或者放棄學習呢？背後的原因複雜且多元，包括孩子對學習是否感興趣？是否認可學習的重要性？以及是否相信自己能完成學習任務？

還有一個時常被忽略的因素，就是孩子在讀書學習時的身心狀態如何。

一個經常情緒緊繃、焦躁不安，或身體不適的孩子，是不可能專注學習，也不可能會有良好的學習表現。如果大人提早發現這些生理或心理上的問題，予以協助，而不是緊逼著孩子大量練習；或者，設法營造一個讓孩子能放鬆、穩定與專注的環境，這對改善孩子的學習成就，通常很有幫助。

我們也發現，同樣在高強度的課業壓力下，有些學生就是特別能夠應對。他們能樂觀的面對自己的學習挫敗，從考試失常中再站起來；他們有能力安撫自己的焦躁情緒，也知道如何在考前緊繃時讓自己放鬆下來。

這些學生懂得對自己的身心狀態進行自我調整，也能採用多元的因應策略穩定自己的心情。因此，他們能適應高強度的課業壓力，也能更快的從挫敗中復原。

同樣的狀況，也發生在人際關係中。一個能夠自我安頓並適當表達內心情緒與想法的人，比較不會與人發生嚴重衝突，更能有智慧的化解人際關係中的危機；當然，也會比較受歡迎。

我很認同日本身心科醫師樺澤紫苑提出的「幸福的三層理論」。一個人要先有最底層的身心健康（血清素幸福），才有可能追求中層的關係連結與歸屬感（催產素幸福），最後才是進入到最上層，企圖獲取成功與財富（多巴胺幸福）。

換句話說，先讓自己的身心經常處在平和、穩定、愉悅且放鬆的狀態中，才有可能逐步擴張個人幸福的版圖。

在「情緒安定」這一主題中，我為讀者挑選了五篇探討身心安頓及壓力調適的文章，帶你一起反思自己的日常生活，進而調整自我照顧的方式與習慣。

只要你願意，情緒安定是可以練習的！

我是對的，為什麼我不快樂？

文——江宏志

邀請你在閱讀本篇前，先思考一個問題：

在家裡或職場中，當我們想證明自己是對的時候，自己的情緒通常如何？

多數人應該都有駕照吧？在交通安全規範中，如果我們是直行車，對面來車要左轉，請問是左轉車要禮讓直行車，還是直行車要禮讓左轉車？大部分的駕駛應該都知道，左轉車要在路中間停一下，讓直行車優先通過。如果我們是直行車，對方要左轉，可是他沒有禮讓我們，直接左轉，這在日常生活中很常出現。那麼，你通常會怎麼做？

根據我在各地講座分享時的調查，大部分的學員都說會煞車禮讓對方。當然，男生有可能會按個喇叭抗議，或是罵個粗話罷了。女生也會讓他，但通常不會像男生一樣直接把情緒發洩出來。

讓他？你是對的，你為什麼要讓他？

我們會這樣反射性禮讓，其實隱含了很理性的原因：就是一旦發生擦撞，接著就要請警察來處理。雖然我們是對的，但也要做筆錄。之後和解的流程萬一談不攏，還可能要對簿公堂等等。所以，假設是在你上班時間發生的事情，可能你這一天就沉淪下去了。可是如果你踩了煞車，讓他先過，估計五分鐘後，你就會忘記這件事了。所以這件事情在你生活中影響不大，你照樣上班，過完美好的一天。

大部分的人在交通安全方面，都會這樣做。但如果把場景拉回家裡，或是拉回職場，當你看到他人的缺失時，通常指責與批評的話就脫口而出了，就像是你看到他人的缺失卻不踩煞車一樣。

譬如，老婆一回家看見老公的髒襪子又亂丟，或是沒有丟到洗衣籃裡，於是火氣一上來，就指責開罵；對方當然知道自己有錯，可是弄到最後，會變成「你是對的，結果你的情緒也很糟糕」。這是一個「理直氣壯卻兩敗俱傷」的場景，這種事情在日常生活中太常見了，關鍵點就是，當自己不放過他人的缺失，不煞車，到最後自己的生活也會往下沉淪。

忘了是哪一年，我跟小陳兩對夫妻約好要一起到墾丁度假。小陳是彰化縣一間中小企業的業主，我們坐上他那臺賓士後，一路往南開。你遇過在高速公路上，後面的車子閃你大燈的經驗嗎？對方一直閃你大燈，就是請你開快一點，或是請你讓一讓，他在趕路。假設你一直開著最高速限一百一，你有氣，不讓就是不讓，那他勢必要從右邊超車，右邊超車不打緊，還沒有保持安全距離，就直接切到你的車道，好像在逼你一樣，有沒有這種被逼車的經驗？通常這時你會嚇到，便趕快踩煞車。這種逼車行為非常危險，在高速公路上行駛，三不五時總會碰到這樣的人。

那一天，風和日麗、陽光普照，我們就是碰到這種逼車。小陳在駕駛座，他老婆坐在前座，那臺銀灰色的休旅車沒有從左邊超車而是從右邊，可是不知道是故意還是不小心，休旅車還沒拉開安全距離就切到我們的車道。因為速度很快，小陳的老婆害怕得大叫一聲。小陳是一位草根性很強的中小企業主，這個時候，粗話三字經就出口了，然後開始罵：「這是怎麼開車的？」一路罵、罵、罵個不停。

有時候我覺得很奇怪，為什麼有些人坐在駕駛座，很喜歡罵外面的人。一下罵行人，一下罵騎機車的，然後騎腳踏車的也罵，好像全世界的人都不遵守交通規則一樣。仔細想想，雖然我們罵得很起勁，但外面的人也聽不到。你們有沒有這種經驗？還是你們家有人就是這樣？那天的情況就是如此，小陳罵著罵著情緒上來，就越罵越大聲。他老婆安撫道：「好啦好啦！不要生氣啦！我們是出來玩的喔！」但小陳還是不放過那個人，繼續罵著這社會就是這樣……等等。

夫妻有時候講話也很奇怪，本來很單純的事情，但在來來回回的對話中，彼此講話的音量卻會慢慢拉高。後來，有一句話直接點燃爭執，那句話就是：「你每次都這樣！」

你每次都這樣！這句話等於否定了一個人的好表現，甚至等於否定了一個人。所以小陳的脾氣也爆了，然後兩個人開始大吵。後來我就跟小陳說，你們吵得那麼凶，這樣開車很危險，我們先下交流道。所以，到最後變成我在安撫小陳，我老婆去陪他太太。

那一天，風和日麗、陽光普照，我們是要去度假的，度假的心情卻全都搞砸了！但那臺超車的銀灰色休旅車，現在人在哪裡？我的天呀！

二〇一二年，我參加福智企業主管生命成長營，在開南大學上課時，學校餐廳的牆上有一幅對聯，想跟大家分享上聯。我剛開始看到時還不太懂，這句話是這樣寫的：「看別人缺失，別人不一定受害，自己先受害。」

怎麼是別人不一定受害，自己先受害呢？從企業營回來，遇上這件事後，我便澈澈底底了解到這句話的智慧。這句話就如同福智創辦人日常老和尚的法語，叫做「觀他人之過」會讓自己不幸福的道理，簡稱「觀過」。

有時候，你一直不放過別人的缺失，一直聚焦在別人的不好，一直堅持別人不善待你，當你總是聚焦在這種事情上，別人不一定受害，但是你的整個情緒就搞砸了，所以自己先受害。你想想小陳跟他老婆，本來是開開心心要去墾丁度假，結果假期搞砸了，然後那臺銀灰色的休旅車呢？那個人根本沒有受害，早就不知道在幾十公里外了。

總結一下這兩件事。首先，「左轉車事件」就是對方有缺失，但你不踩煞車撞在一起，就造成兩敗俱傷。比這個更慘的，是前面提到的「惡性超車事件」，對方有缺失，但自己受害，對方反而沒有損失，這是不是更慘一點？

我是對的，為什麼我不快樂？

在很多場合上課談到這段故事時，常有人下課來找我聊天。有個學員說：「江老師，今天這堂課真的讓我茅塞頓開。」我說：「為什麼？」他說：「因為我一直以為我是對的，我就應該要幸福啊！」

這是一種幸福的迷思，有時候我們會發現，**一直堅持自己是對的人，反而不幸福**。這句話非常簡單也容易記，是呀！我是對的，為什麼我不快樂？我看過身邊有這樣子的夥伴，一直執著於自己是對的，反而失去了幸福。

上班的時候，當同事又來跟你抱怨，聽他講完，你溫柔的反問他：「對呀！你是對的，為什麼你不快樂？」或許當你這樣跟他講，他會突然覺得，對呀！我是對的，為什麼我不快樂？有時候，你也可能三更半夜坐起來，想到那個人為什麼要這樣講？讓你很氣、失眠，可是「那個人」可能睡得很香啊！搞不好就睡在你旁邊，氣死了！吼！然後還打呼！

我是對的，這四個字最可怕！

小到親人之間的疏離，大到兩個國家的戰爭，其實都是建立在「我是對的」這種意識。這篇短文想跟大家分享日常老和尚的智慧法語：「看別人缺失，別人不一定受害，自己先受害。」希望能夠讓你有鮮明的印象。這是我生活中的體會，與你分享，文末用一句反問句總結。

你到底要的是幸福？還是對錯？

See the good.

邀請你閱讀完本篇後，觀察與思考一個問題：

在家裡或職場中，希望別人倒楣（失敗），看衰人家，算不算觀過？

本文出自江宏志《我是對的！為什麼我不快樂：終結煩煩惱惱的幸福密碼》

二〇二二，橡樹林出版社

志恆老師的幸福練習室

你如果瀏覽過臉書、IG、抖音等社群媒體，一定有個經驗，當你開始關注某個人物或議題，社群平臺就會自動推播大量相關人物或議題的影音內容給你。演算法很懂得投其所好。

真實人生也是如此。你用什麼樣的眼光看待他人，你就會不斷看到那人身上的某種特定樣貌，漸漸形成刻板印象。

國中時，班上來了個轉學生。還沒和他說過話，我就耳聞他在別的學校是個難相處的傢伙，生性孤僻又獨來獨往。

我觀察發現，果然，他在班上總是一個人，板著一張臭臉，不和別人互動，也沒什麼人要理會他。我想，他大概真的難相處。

有一回體育課，輪到我和另一位同學負責搬運球具。球具很重，我們走得很慢。眼看大家都集合了，那位轉學生竟然從隊伍裡朝我們跑了過來，一手抬起球具的一側，幫我們減輕重量。

事後我慢慢發現，他雖然不多話，卻會默默幫助同學，是個熱心的人。我就此對他改觀，也見到他更友善的行為。同時，我更願意主動接近他，邀他一起活動，發現他其實相當活潑，根本不是其他同學嘴裡那獨來獨往的孤僻鬼。最後，我們成了好朋友。

江宏志老師在〈我是對的！為什麼我不快樂？〉一文中，透過好幾個生活中常見的例子告訴我們，不斷關注別人的缺點，受苦的其實是自己。有些人一抓到別人的過失就拚命指責，想證明自己是對的，對方是錯的；然而，爭贏了又如何？講贏了道理，卻輸掉了關係。

若你願意將注意力集中在他人的良善與美好之處，你會發現，有好多朋友值得結交，有好多夥伴值得合作。因為你有看見美的眼光，你的世界也會因此而美好。

擁有看見美的眼光，是需要練習的。首先，就是放掉成見，如實的去看見一個人的全貌：每個人都有令人反感之處，也有值得欣賞的地方。再來，將更多注意力放在對方積極、良善與美好的地方，更進一步的表達出來讓他知道，讓彼此都感到欣喜。

反思與覺察

1. 你曾有與人爭辯對錯的經驗嗎？當你不斷證明自己是對的時候，對方的反應是什麼？你內心的感覺又是什麼？
2. 為什麼人們常想與他人爭是非對錯，非要講贏對方不可呢？
3. 要如何察覺，我們正在注意他人的過失，而非關注他人的美好之處呢？
4. 雖然關注他人的良善之處會讓我們更快樂，但有哪些時候，我們也必須去關注他人的缺失？為什麼？

STOP 情緒緩和術

文——胡展誥

剛考上明星高中的女孩，與父母親為了是否繼續補習的事情吵了好一陣子。

女孩認為自己既然能夠考上第一志願，代表自有一套有效的讀書策略，不需要再被別人逼迫念書，希望可以獲得更多自由。父母則是擔心孩子不補習會落後進度，課業成績會因為懈怠而退步。於是雙方僵持不下。

某次又為了此事爭吵時，母親大罵了女孩一句：「別人家的孩子想去補習還不一定有錢，你從小要什麼，我們就給你什麼，如果你還不懂感恩，那麼不聽話，乾脆給我滾出去！」

女孩聽了之後果真負氣衝出家門，只是這一出去，就沒有再回來過了。

幾分鐘之後，社區大樓的中庭傳來一聲巨響。一道身影從三十樓高的露臺一躍而下，幾套尚未拆封的全新制服還整齊疊在床上，但一個年輕生命就此殞落。這件事情，當然也成了父母心中永遠抹滅不掉的傷痛。

或許有人會覺得是年輕人抗壓性低，不懂得珍惜生命；也或許有人會責怪父母親不懂得給孩子自由，逼得孩子走投無路。不過，我們並不了解他們家發生什麼事，也沒有權力去責備他們。我們要學習的是去理解在那個當下，他們的內心到底發生了什麼事？為何會說出這些話、做出這些行為？

內在失去安頓情緒的空間

想想看，你是否也曾因為突如其來的情緒竄上腦門，衝動說出或做出讓彼此都受傷，也讓自己後悔萬分的言語或行為？那個當下，你是否已經失去了理性思考的能力？一股難以壓抑的巨大力量推動著你去「做些什麼」，你也很難踩住煞車，對嗎？

這種俗稱「理智線斷裂」的現象，其實跟我們大腦當中遇到危機時負責提供警示的杏仁核，以及掌管理性思考判斷的前額葉皮質有密切關聯。假如大腦時常放任杏仁核警鈴大響，前額葉卻無法適時介入、提供思考與判斷，就會因為持續升高的焦慮、激動狀態而做出失控的行為。

假如你發現自己似乎有類似的現象，請不要自責。你並不是一個脾氣不好或抗壓性低的人，你的杏仁核只是站在保護你的立場而啟動警鈴，它沒有想要傷害誰，它只是不希望你受傷。至於你腦袋裡的警鈴為何經常因為一些連你都難以理解的事（甚至是你認為的小事）而失控，這通常與你成長的經驗有關。

好消息是，大腦裡的神經元遵循著「用進廢退」的原則發展，假如你從此刻開始鍛鍊杏仁核與前額葉皮質之間的連結，兩者之間的通道就會慢慢被建立起來。未來當你遇到危機、杏仁核開始啟動時，前額葉皮質將不再只是雙手交叉在胸前，袖手旁觀，你的杏仁核與前額葉皮質連結會變得更緊密，能夠適時的相互支援。所以你依舊能感覺到各種情緒，卻也能夠做出適合當下的行為反應。

換句話說，以前的你被情緒所奴役，而現在你將成為情緒的主人。這種改變，可以藉由練習「STOP情緒緩和術」來達成。

STOP情緒緩和術

STOP情緒緩和術有四個具體步驟，依序是暫停動作、留意呼吸、自我觀察、重新表達。讓我們進一步認識這四個步驟：

S：Stop，暫停動作

捕捉到情緒浮現（尤其是負向或強烈情緒）的片刻，最簡單也最重要的任務，就是告訴自己：「停！現在什麼都不要做。」

這就是你當下唯一要做的事情。光是停止動作就有機會減少衝動行為產生。

假如你本來就是很擅長忍耐的人，那恭喜你，這個步驟你一定很精熟。不過請放心，以前你除了忍耐就沒有其他招式可以使用了，但後續三個步驟會讓你跳脫這個狀態。現在，你只要提醒自己：

停，輕輕放下手中的東西，不要扔、不要摔，更不要傷害自己或他人。

停，你可以微微鬆開嘴唇，但不要急著說任何話。

停，你可以持續看著前面的人；或者將視線瞥到一邊，但不做任何反應。

停，不要把辭呈遞出去，不要寄出信件，不要發送訊息。

停，請對方給你一些時間，不要急著做決策。

停，就是此刻你所要做的事情。

此刻，不要讓事情如過往那樣變得更糟、更失控，就是最好的開始。

你想罵人、想摔東西？請放心，未來機會多的是，不急於這一時。你可能會抗議：「可是，過了這個時間點我就衝動不起來了啊！」

嘿嘿，恭喜你發現了這個事實！

T：Take a breath，留意呼吸

有時候你就是處在什麼事情都做不了的困境當中，這時候，深呼吸就是你信手拈來、非常有效的冷靜方式。穩定而規律的呼吸可以調整你的自律神經，幫助你緩和當下急促的心跳，放鬆緊繃的肌肉。

這時候的呼吸其實沒有什麼技巧，想要大口呼吸就大口呼吸。千萬別在這個時候提醒自己：「據說道行高深的人都可以用安靜且不著痕跡的方式呼吸。」此時刻意控制呼吸，反而會讓激動狀態下的自己更不舒服。

身體需要多少氧氣，他會自行告訴你。經過幾次大口（聲音可能也滿明顯的）呼吸之後你會發現，呼吸自動變得緩慢、輕巧且不費力。這代表著你已經藉由呼吸的動作，幫助身體重新回歸平穩的狀態。此時通常你也能感受到，胸口的起伏變得比較不明顯，心跳速度逐漸緩和。或許肌肉還無法完全放鬆，但內心那一股「非得做點什麼」的衝動已經減少許多。

現在就來觀察自己呼吸的力道與速度。感受看看這與你在生氣時有何不同？假如你發現自己正在憋氣，或者刻意控制呼吸的力道，請提醒自己：吸氣會自動到來，呼氣也會自動發生。只要觀察呼吸的運作就好，不要花力氣去控制。

O：Observe yourself，觀察自我

身體趨於平穩之後，就要把注意力轉移到心（其實是指大腦）上面了。

有時候情緒像是俄羅斯娃娃，一種情緒裡面還包含著其他情緒。就像生氣的背後，經常是因為挫折、失望、無力、恐懼……。假如我們因為感受到生氣就罵人、指責或自責，表面上抒發了情緒，實際上卻沒有貼近自己內在真實的聲音，當然也沒有辦法達到真正的安撫效果。

情緒也是一種信號，當你內在有某些渴望被忽略，某些需求沒有被滿足，某些聲音沒有被聽見，相對應的情緒就會跳出來提醒你。唯有聽懂這些聲音，你才會更清

楚情緒究竟從何而來，也才能夠掌握自己真正想要表達的內容，否則就會陷入很生氣、委屈卻說不清楚的窘境。

在這裡，提供幾個可以幫助你探索自己內在需求的問句：

1. 發生了什麼事讓我有這麼大的情緒？
2. 在這件事情裡，我真正最在意的是什麼？
3. 在這個情緒背後，我真正希望別人聽懂的是什麼？
4. 如果可以，我期待別人幫忙的部分是什麼？

你有發現嗎？重點不是別人做了或說了什麼，而是在這些事件當中，自己的需求、渴望到底是什麼？因為我們無法改變別人，但可以藉由自我探索來幫助自己。

P：Proceed，重新表達

面對危機、情緒激動的時候，我們最常使用的應對策略都是來自過往的慣性，這和生物演化的過程有關。事態危急，哪裡還有時間慢慢思考？想到什麼招式就用什麼招式。偏偏現代人類的生活極其複雜，這些招式不見得適用在每一種情境，而且人們因為仰賴慣性，常常沒有發現自己正在重複使用無效的方法。

就像我曾經與一位母親談話，我問她，如何停止孩子熬夜玩手機的行為？

她會告訴孩子：「好了，把手機收起來了。」

我問：「假如他不聽話呢？」

她會提高音量：「好了！手機收起來了！」

我繼續追問：「那要是他依舊不聽話呢？」

她說她會大吼：「手機給我收起來！到底有沒有聽到？」

像這樣，只不過是音量大小的不同，其實講話的內容是一樣的。重複同樣無效的行為，怎麼可能得到有效的結果呢？

情緒冷靜下來，也探索完自己的需求之後，我們要練習思考：

1. 過去的行動方式裡，哪些能有效達到我的目的？哪些無效？

2. 剛才的表達方式，有讓別人理解我想表達的嗎？

3. 有哪些表達方式能夠讓別人更懂我？

4. 如何行動才能減少傷害，或者更接近彼此的期待？

經常陪伴自己整理過往的行動經驗，有效的策略就保留，無效的就避免重複。未來，你就更能夠在需要時為自己篩選出有效的行動策略。

穩定情緒，不等於壓抑情緒

有人曾問我：「你要我們做這個練習，是不是為了減少衝動、避免負面情緒？」

嗯，這句話只說對了一半。STOP情緒緩和術的確是要減少你衝動行事的頻率，但絕對不是要壓抑或否定負面情緒。

負面情緒與其他情緒一樣，是再自然不過的現象了，我們不需要去抑制或否定它們，但我們要努力的是，避免因為不了解自己內在的真實情緒、不知道該如何表

達，或者因為衝動，而將內在的情緒化為對外或對內的攻擊。這樣一來，不僅傷害了別人與自己，也無助於讓別人更了解你。

假如你在經過了這些練習之後，發現「如果不大聲制止，對方是不會停止動作的」、「如果不嚴厲表達自己的立場，會持續被侵犯」，那麼生氣或嚴厲的語言還是有存在的必要。

也因為你是在相對穩定的情緒狀態下，經過覺察才做出這些行為，即使對方的反應或事情的結果不如你預期，也不會留下太多遺憾或自責，因為這些行動都是經過你的覺察之後所做的決定。

本文出自胡展誥《刻意放鬆：25個壓力調節練習，找回安定的內在》

二〇二三，遠流出版

志恆老師的幸福練習室

曾有人說過，你是個衝動的人嗎？

衝動是什麼意思？就是內心受到某種強烈的情緒驅使，而將腦中第一時間升起的念頭迅速轉化為行動，中間沒有謹慎思考，也缺乏後果評估。人在衝動之下，很可能傷人，也可能傷己，更容易兩敗俱傷。

我見過最多衝動行為出現的地方，就是網路。當你看到自己在社群媒體上發布的文章或影音，被人回以酸溜溜的言語，你當下怒不可遏，也用更不堪入目的字眼罵回去，雙方你來我往，甚至引來其他網友互相攻擊。

你情緒激動、腦門充血，真想去肉搜、起底他，好好瞧瞧這位酸民究竟是誰。

問題是，跟一個陌生人在網路上吵架，值得嗎？爭贏了，又如何？一個不小心，不當的言論還可能觸犯法律，包括「公然侮辱」或者「誹謗」等罪。

講到網路上的犯法，還有報復式色情。也就是情侶在分手之後，被分手的那一方心中憤怒難平，遂將兩人親密行為的私密影像上網流出，想來個玉石俱焚，這也涉及了「數位色情犯罪」。

除了網路，馬路上的衝動行為也不少。社會新聞中常看到，有人不滿被超車，竟加速攔車、逼車，甚至拿出武器要求對方道歉，最後被移送法辦。像這樣的攻擊行為，也常常發生在衝動之下，一股怒氣來了，就要對方立即付出代價。

所以，從小我們就被提醒，要三思而後行。問題是，在激動情緒下，衝動行為一觸即發，哪裡還記得要思考？因此，熟練「STOP 情緒緩和術」就是關鍵。

因為在你進入理性思考之前，先要暫停（Stop）當下反應，什麼都不做，呼吸就好（Take a breath）；不只呼吸，還要將注意力放在呼吸上。接下來向內探索，觀察自我（Observe yourself）情緒的來源，想想自己真正在意的是什麼；這時候，你的理智線已經慢慢接回來了。最後則是重新表達（Proceed）自己想說的話，或者選擇用適當的方式回應對方。

老實說，這真的不簡單。但是如果你願意有意識的練習，就會越來越進步。你開始能為自己在激動情緒與行為反應之間，撐開一個空間，允許多一點理性進入其中，就能免除因為衝動而生的後續麻煩，或者避免許多遺憾的事情發生。

反思與覺察

1. 你曾因情緒失控做出讓自己後悔的事嗎？若能重來，你認為如何處理會更好？
2. 生活中，最容易令你失控、理智斷線的情緒是什麼？為什麼呢？
3. 為什麼不要壓抑情緒？壓抑與緩和情緒都是為了不讓情緒爆炸，但兩者有什麼不同？
4. 如果你在STOP情緒緩和術之後，仍然感到情緒惡劣，你還可以怎麼做，幫助自己舒緩情緒？

為什麼心情差、壓力大時，就會想滑手機？

文——陳志恆

「志恆老師，我該如何抵擋手機的誘惑？」有個高中生，在一次演講過後前來問我。他告訴我，即將升上高三，課業越加繁重。他知道自己應該上緊發條，認真努力。然而，每天晚上在家溫習功課時，卻常被一旁的手機干擾，而無法專注研讀。

「每次手機訊息一來，我本來只想瞄一眼，沒想到，滑開手機後就沒完沒了。把社群平臺上的內容瀏覽過一遍後，不知不覺已經過了半小時。

「當我才專注讀書沒十分鐘，訊息又來了，又不自覺的盯著手機螢幕半小時，大好光陰就這樣平白浪費掉了。」

這位高三學生既挫折又懊惱，但又控制不了自己。我想起，我也常被手機訊息打斷注意力，接著花大把時間看些無意義的內容，又為此感到後悔、自責。

因此，我養成一個習慣，當需要專注時，盡量不把手機或3C產品放在身邊，或者直接開飛航模式。眼不見為淨，就能避免干擾及誘惑。我也如此告訴眼前這個大孩子。他嘆了口氣，又說：

「除了讀書之外，每次只要感到無聊或心情煩躁，就特別想把手機拿起來滑。其實也沒做什麼，就是一直瀏覽社群平臺裡的動態消息，或者看看短影片，一則又一則，不知不覺浪費好多時間，心情也沒有覺得比較好。」

「反而感覺更空虛嗎？」我問。

男孩用力點頭，說：「對！就是這樣。」

本來只是想紓壓，卻越滑越空虛

許多人都有類似經驗，忙碌了一整天，終於有個短暫的片刻可以偷閒，拿起手機來滑一下，本來是想紓壓，沒想到卻越滑越空虛，甚至越來越煩躁。然而，不滑手機又不知道做些什麼好？

曾有個大學生告訴我，她常會花整晚看手機上的影片，倒不是在追劇，而是YouTube或抖音上的短影片。每一則都短短的一、兩分鐘，甚至只有十幾秒，卻難以停下來。看完一則還想再看下一則，有時候整晚熬夜都在瀏覽短影音。

這位大學生會迷上短影音，是從失戀後開始的。初戀不到三個月便告吹，心情沮喪不已，本來只想在臉書或Instagram上閒逛，後來便沉浸在短影音的世界中。

如果你生活壓力大、心情低落，而身邊剛好沒有人陪，又缺乏生活重心，那麼，手機或3C產品就是你最好的陪伴者。滑開小小的螢幕，你進入了一個「無限瀏覽」的世界，特別是在社群媒體中，你不只可以得知親友或偶像的動態消息，更可能接收到各式預期或非預期的訊息。

你可能讀到一篇文章，正好觸動你的內在；你可能看到某個圖片，剛好反應你的心聲；你可能收到某則短片，正好開了你的眼界。不管是文字、圖片或影音，只要能夠讓你感動、驚訝或開心，都立即滿足了原本空洞匱乏的內在。

然而，這份滿足不太持久，你開始期待更多類似的資訊及更高強度的刺激，好讓自己感到更滿足。於是，你的手指頭停不下來，一則又一則的尋覓更有趣、新鮮、好玩、感人的內容。

如果不喜歡，就立刻滑過去，反正還有下一則可以看，永遠看不完。

小心！娛樂型短影音正在侵蝕你的大腦

社群媒體的演算法更是神助攻，它深知你喜愛的主題與內容，不斷推播類似的訊息到你眼前。於是，你越看越多，越看越過癮，但也越來越沒辦法滿足。在短暫的愉悅之後，隨之而來的是更多空虛與失落。

一旦你習慣了短暫、高刺激，但深度不足的資訊內容時，你便難以專注於需要花更多時間或心力吸收與理解的資料。包括沒耐心閱讀長文，沒辦法讀完一本字數較多的書籍，對聽演講感到厭煩，甚至，看不完一部電影。

漸漸的，你將失去深度思考的能力。

「抖音一響，父母白養」這句話，你應該不陌生。國外已有研究指出，短影音會影響兒童或青少年的大腦發展，特別是掌管理性思考、衝動控制的前額葉皮質；同時，長期接觸娛樂性質的短影音，也可能會過度活化大腦中的酬賞機制，而出現類似對毒品或美食一樣的渴求反應，也就是「還想要更多」。

於是，現實生活中的活動再也提不起你的興趣；你會開始對學習、社交或運動感到興致缺缺。你的目光無法從螢幕上移開，只要有空閒就忍不住滑開手機，甚至到了「不能沒有它」的地步。小心！手機成癮離你不遠了。

一旦你理解，透過滑手機來打發時間、排遣無聊或紓解壓力，不但無效，還可能產生各種副作用，你就需要限制自己接觸手機的時間，並重新盤點你的生活模式，去找到真正能幫助你調整心情、安頓情緒的方式。怎麼做呢？

真實且正向的人際互動讓人忘了手機的存在

某次連假，我帶著太太和女兒回南部老家。其中一天，我和高中同學以及他的幾個朋友和家人一同出遊。當天同時有四、五個家庭，每個家庭都有國小到國中階段不等的孩子，一起到森林步道健行、野餐，在山邊小溪戲水。大人聊天、吃東西，小朋友則是跑跳玩耍，直到夕陽西下，才各自開著車踏上歸途。

在回程的路上，太太問我：「你有發現，今天一同前往的孩子們，沒有任何人拿出手機來使用嗎？」

我回想了一下，說：「真的，太神奇了！」好像發現新大陸般，這和我印象中的兒童、青少年差異太大。現在的孩子幾乎人手一機，低頭滑呀滑，隨處可見。但今天，卻沒見到這番景象。

更令我驚訝的是，當天連我自己的手機也躺在背包裡一整天，平時我可是隨時需要查看手機的人呀！

我明白了！原來，真實且有品質的人際互動，會讓人忘記手機或3C的存在，足以擺脫對電子產品的依賴。那一整天，我們開心的聊天、玩耍，徜徉在大自然的芬多精中，享受著好友們交流互動的時光，那感覺太美好，任何電子螢幕都是多餘。

打通電話找親友聊聊吧！

心理學家早就不斷提醒人們，真實、溫暖、有益的人際互動，是人生幸福的關鍵來源之一。你需要去經營這樣的關係，並與他們不斷互動交流。

即使知道網路上有大量的片段資訊及短影音，對孩子（或大人）的大腦發展會造成負面衝擊，但我也意識到，這類媒體只會越來越多。原因無他，人們就是喜歡。

時代不可能開倒退車，但我們至少要有能力去克制自己接觸手機內容的頻率與時間；或者，把數位媒體當作解決問題的工具，而非打發時間及填補空虛的娛樂品。

像是當你作業寫不出來時，可以上網去找找，有沒有關於這個主題的教學影片；而不是在感到煩躁時，無意識的瀏覽著網路上有趣但空洞的短影音。

當你心情不好或壓力大時，與其滑開手機去關注社群媒體或短影音，不如找個身旁的人聊聊天，訴說一下心事；如果只有你一個人，也可以撥通電話給親友，實質的人際互動才能真正讓你感到溫暖、獲得支持。

志恆老師的幸福練習室

在我下筆寫下這些文字以前，我已經拿起手機漫無目的滑了兩三遍。我在找靈感嗎？我在尋求協助嗎？我在查詢資料嗎？

不！都不是，就只是一個令人討厭的壞習慣。當我感到焦慮襲來時，或在工作之間的空檔，不自覺的就會把手機拿起來滑。直到我自覺眼前還有更重要的事得做，才趕緊放下手機。

現代人高度依賴手機或3C產品，每天花很多時間盯著螢幕。你不妨留意一下，每當你拿起手機瀏覽，尤其是漫無目的的滑動時，通常是在什麼樣的情況下？是不是常與一些負面情緒的出現有關？像是煩躁、焦慮、無聊、空虛、挫折、沮喪或擔心等時刻，你就想要滑手機，而且是如此不自覺，滑到沒東西可看，關上螢幕後，又立刻拿出來解鎖、滑開。

家族治療大師維琴尼亞．薩提爾（Virginia Satir）女士曾說：「有問題的不是問題本身，如何應對才是問題。」（Problem is not the problem; coping is the problem.）同樣的，當負面情緒來臨時，情緒本身不是問題，用來因應情緒的方式才是問題。

許多人應對壞心情或生活壓力的途徑，就是滑手機、追劇、吃甜食或者熬夜；這些行為一旦有效果，就會被保留下來。當這些應對情緒的方式反覆出現，反而會帶來更多困擾。像是當你焦慮時滑手機，是不是常常越滑越煩躁？該做的事沒做，平白浪費了許多時間，反倒令你更自責。

問題是，手機如此唾手可得，該怎麼辦呢？

也許你可以考慮盡量別讓自己有機會接觸到手機。像是讀書或工作時，不把手機放在書桌或書房；配戴一只真正的手錶，而非用手機充當時鐘；使用傳統鬧鐘，而非用手機設定鬧鐘；以及使用紙本行事曆，返璞歸真。

我不是要你回到原始時代，而是3C產品或手機的發明，一方面為我們帶來許多便利，卻也常令我們陷入另外一種煩惱的漩渦中。同時，我們真正要去關注的，還是我們自身的情緒與壓力，找到健康有益的方式紓壓，而非追求短暫滿足卻長期空虛的事物。

反思與覺察

1. 當你處在哪一種情緒狀態下時，最常拿起手機來瀏覽？無聊、孤單、焦慮、挫折、生氣；還是開心、興奮、期待、喜悅、平靜？
2. 瀏覽社群或短影音之後，你的感覺如何？是更加滿足還是更加空虛？為什麼？
3. 現在有越來越多學者或教育工作者，都在關注娛樂型短影音對兒童與青少年大腦發展的影響。你認同大量接觸短影音會對人有負面影響嗎？是否也有正向的助益？
4. 你有什麼方法，能避免自己無意識的滑手機？或者減少自己受到手機誘惑，而影響學習與工作的機會？

你熬的不是夜，是自由，還是一種長大的錯覺？

文——陳志恆

昨天晚上，你睡多久？有睡飽嗎？

如果你是個青少年，大概會搖著頭說：「沒有！」同時露出睡眼惺忪的模樣。許多大人都感到很疑惑，國高中生為什麼每天都看起來一副無精打采的樣子，板著一張毫無生氣的臉，究竟是怎麼一回事？其中有個關鍵，就是沒睡飽。

在《睏世代：為何你的孩子總是睡不飽》一書中，作者談到睡眠科學的最新研究發現，青少年一天所需要的睡眠時數，竟然與幼童是一樣的，都是九到十個小時以上。然而，多數人都把青少年當作是成人，認為他們和成人一樣，每晚只需要約八小時的睡眠就足夠了。

事實上，別說九到十小時，大部分的青少年連睡足八小時都做不到。難怪青少年常常暴躁易怒、陰陽怪氣，長期睡不飽的人，通常情緒都不怎麼好。

青少年睡眠不足的原因很多，有些是因功課繁重，每天晚上光是補完習，就已經十點多了，洗個澡再寫個作業，往往就到了三更半夜，隔天還要早起趕車上學。

當然，有的青少年晚睡不一定是為了讀書，熬夜上網、打電玩的也是很多。

不是不想睡，而是捨不得睡

你聽過「報復性熬夜」嗎？

有一句話說：「媽媽熬的不是夜，是自由。」不少幼兒的母親，成天照顧孩子，不得脫身。直到晚上，好不容易把孩子哄睡後，夜已深，但母親仍捨不得睡，繼續追劇或上網，一直到半夜。

隔天睡眠不足、精神不濟，在心裡告訴自己：「今天別再晚睡了！」然而到了夜晚，仍然捨不得睡，如此日復一日。此時的熬夜，是有心理上的意義。因為白天沒有屬於自己的時間，只能等到晚上孩子睡了，才享有自由，能主導自己的生活，因此媽媽們儘管再睏，都要撐著讓自己「喘口氣」。

我在青少年時期，也經常晚睡，大概是從國中開始的吧。

當時課業越來越繁重，有時候月考或模擬考前，為了要加強溫習，常常念書到比較晚。上了高中，晚睡已是家常便飯，午夜十二點以前就寢的日子屈指可數。

那時趁著年輕體力好，不覺得熬夜是什麼問題，反而看到自己能讀書超過午夜，會覺得挺了不起的。而當時的同學們也都普遍晚睡，到了學校，也會彼此問候昨晚幾點睡，太早睡還會被嘲諷。

熬夜或晚睡似乎成了一種風氣。課堂上，經常有人體力不支打起瞌睡；下課時，全班一半以上的同學都趴著補眠。就連晚上在補習班繼續奮戰時，也常邊抄筆記邊恍神，醒來完全看不懂自己究竟寫了什麼，當然更沒聽懂老師教的內容。

儘管知道這樣的學習效率不佳，仍然經常性晚睡。現在想想，當時的課業真有如此繁重嗎？而晚睡真的都是在用功讀書嗎？

老實說，晚睡也是在享受一個人的時光。在那個沒有手機或網路的年代，挑燈夜戰到半夜，轉開廣播聽聽音樂，翻開日記寫點雜思，這樣的寧靜與自由，格外值得珍惜，這也算是一種「報復性熬夜」吧！

晚睡，是大人的權利，是長大的象徵？

除此之外，晚睡常令我有種長大的錯覺。對當時的我而言，認為有能力熬夜就是一種成熟的象徵，只有小孩和老人才需要早早上床。儘管只是個青少年，但我竟做得到晚睡，心裡頗為沾沾自喜。

後來和一些朋友聊起，才發現，不少人和我年輕時有類似的心態。

現在想想，相當可笑。如果真的成熟懂事，我絕不會選擇這樣傷害自己年輕時的身體。可以的話，我會選擇更早就寢，讓精神飽足。而現在，我更會要求自己每晚睡足八小時以上，以確保白天有足夠的精神與體力，並保持良好的情緒狀態。

睡眠專家早就發現，充足的睡眠和正向情緒有絕對的相關。說不定，讓你感到不快樂的原因之一就是睡眠不足，而你拿來找回快樂的方式，卻可能為你帶來更多的情緒困擾。

睡飽好處多，事半功倍人緣好

由於深知睡眠的重要性，我也常呼籲青少年要盡量睡飽。

如果你是個青少年，肯定不以為然。你也知道要早點睡，但一天的任務就是這麼多，除了有各科作業要寫，還有大小考試得準備，如果又參加了校隊或社團，回到家都很晚了，那些還沒完成的事，全都得往後延，怎麼可能早點睡呢？

我知道這很難做到。但從另一個角度來看，會不會就是因為睡眠不足，才導致學習或工作效率低落，無法更快速與專注的把手上的任務完成，反而讓你花費了更多時間呢？

在精神好的時候，研讀一遍就能記住的內容，在睡眠不足的狀況下，可能得反覆研讀個三、五遍，才能真正記住。這不但事倍功半，還苦了自己。而人類的記憶主要是透過夜晚在深度睡眠中，大腦將各種訊息去蕪存菁，進行記憶整合與固化。白天吸收的訊息要能夠記得住、記得久，睡眠的參與，不可或缺。

除此之外，飽足的睡眠可以讓你看起來外表神清氣爽，散發自然魅力；體能更好、反應更快，思考與應對更靈活，都會大大提升你的人緣。總之，好處多多！

上了大學，我仍經常性的晚睡或熬夜，有時是讀書，有時是和同學外出鬼混。直到大四，為了準備研究所考試，我決心調整自己的作息。每天準時七點起床，八點就到圖書館占位子，開始念書；除了吃飯、上廁所以及上課會離開座位外，其餘時間就是在圖書館待到十一點閉館才離開，回宿舍後準時在十二點前就寢。

日復一日規律的作息，讓我白天的讀書效率極佳。不只順利考取研究所，系上原有的課業也兼顧得很好，大四的學業成績還是全班第一名。除了自己足夠用功外，充足的睡眠與規律的作息，功不可沒。

若無法早睡，至少做到規律作息

如果你是個課業繁重的青少年，每晚的睡眠時數不可能再延長，那麼，至少要做到規律作息。也就是每天在固定的時間入睡、固定的時間起床，中午時可以小睡片刻，大約二十分鐘就好。只要睡眠品質不差，光是規律作息對你就大有助益。

睡眠科學家發現，規律的睡眠模式和充足的睡眠時數，對於一個人身心健康的影響，是旗鼓相當的。如果你每天的作息固定，大腦及身體運作就會很省力，身心處在穩定與平衡的狀態下；同時，你也會更快入眠，睡眠效率更好、品質更佳。

反之，如果你平日晚睡早起，假日補眠到中午，你的大腦和身體必須不斷耗用額外的能量，去適應你的生活變動。長期下來，身心將不斷處在壓力狀態中，啟動各種資源去備戰危機，只會使你更為疲憊。

現在想想，熬夜晚睡不會讓我看起來比較像大人，反而像個思慮不周的小屁孩。真正成熟的人，是懂得照顧自己的身體，並且透過更有效率的方式學習或工作；讓自己睡得好、睡得飽，才是明智的選擇。

志恆老師的幸福練習室

年輕的時候，我對於自己能晚睡、熬夜，實在得意。年紀漸長才發現，能睡好睡滿，真是一件幸福的事情。

小時候常聽長輩說，人生無所求，每天只要搞定三件事就好：能吃、能睡、能拉。以前都當作玩笑話，長大後才漸漸體會個中智慧。其中，「能睡」真的是許多人夢寐以求的事。換句話說，現代人為睡眠困擾所苦者，真的不在少數。

如果你曾整晚翻來覆去睡不著，你就能體會失眠的痛苦。像是經常性入睡困難，中途容易醒來，醒來又睡不回去；或者過早清醒，躺在床上的時間雖然不少，但實際睡著的時間卻不多，不只晚上痛苦，白天精神也不佳，影響專注和正常人際互動。漸漸的，你會對睡覺一事失去信心，每晚上床前就開始焦慮，擔心今晚又要睡不好；而這些擔心果然讓你睡不好，於是，你更加恐懼夜晚的到來。

如果你有上述狀況，而且已持續幾個月或更長時間，請務必去尋求專家協助。

其實，一般人難免因為各種情況而睡不好，有時是身體不適，或者改變睡眠環境、作息混亂，更多的是因壓力造成夜不成眠。然而，我們卻可以透過生活調整，建立一套有助於入眠與好眠的健康睡眠習慣。包括：

1. 規律作息，每天在固定的時間上床，固定的時間起床。
2. 建立入睡儀式，包括睡前一個小時不使用 3C、只從事會放鬆身心的活動、減少喝水、將臥室燈光慢慢調暗等。
3. 不在床上從事睡眠以外的活動，包括閱讀、工作或使用 3C 等。
4. 白天避免午睡過長，並撥出時間充分運動與晒太陽。
5. 白天減少接觸含咖啡因的飲食，如茶葉或咖啡等。

如果躺在床上一直翻來覆去睡不著，那就暫時起床，去做點別的事，等有了睡意再回到床上，避免將「睡眠」與睡不著時的「焦慮感」連結在一起。

這些健康的睡眠習慣，最好從年輕時就養成，別等到出現睡眠困擾時才開始，那時可就相當辛苦了！

反思與覺察

1. 你有晚睡或熬夜的習慣嗎？如果一天有二十六小時，而非二十四小時，你還會選擇晚睡或熬夜嗎？

2. 有的人是適合早起工作的「晨型人」，有人是越夜越美麗、越晚越能專注的「夜貓子」，你是哪一種？對你的生活有什麼影響？

3. 當每日生活忙碌不已，缺乏真正屬於自己能支配的時間，而熬夜或晚睡又傷身，該如何在生活中創造出自由時光呢？

4. 除了晚睡或熬夜可以證明自己「長大」以外，還可以透過哪些方式，證明自己真正長大、變成熟了呢？

讓放鬆成為一種生活習慣

文——陳志恆

當情緒風暴來襲，即使沒有發生什麼事，也會突然陷入沮喪低落的漩渦之中。尤其是在季節轉換、天氣微涼的時節，或是冬雨綿綿的日子裡，心中不免會感到有些煩悶厭世。

此刻，你受夠了一成不變的生活，你煩透了身旁那些不好相處的人，你莫名的感到窒息，只想掙脫這一切，卻始終被困在情緒低谷中。

這時候請告訴自己，情緒感受是流動的，會來也會去，就算長時間停駐，也會在你身上消消長長，而非永遠保持不變。如果你想讓自己變得好受一些，不妨試試這麼做：

調整心情的新嘗試

一、暫離這個傷心地

暫時離開讓你心累的場域、環境或人群。轉移一下注意力，別讓自己繼續沉浸在心力交瘁的內耗之中。你不需要離家出走，也不需要搞失蹤，就只是暫時與那個令你心煩的環境保持一點距離。

如果你走不了，那麼，可以試著將注意力放到環境中其他會令你感到舒服一點的地方。例如，你可以觀察並找出：身邊有哪三個東西是紅色的？身邊有哪三個東西是綠色的？身邊有哪三個東西是藍色的？

二、關起門大哭一場

有首老歌說「男人哭吧不是罪」，不只男人，任何人哭都沒有錯！淚水能夠排出體內的壓力荷爾蒙，大哭一場後常會讓人感到舒爽不少。找個無人的地方，好好大哭一場，讓眼淚盡情奔流，反正沒人看見，不必擔心丟臉的問題，這是一種健康的情緒宣洩。

三、出走探險曬太陽

離開家門走到戶外，刻意選擇一條不常走的路線，前往你平時很想去卻沒機會去的地方走走。試著在不同的空間移動，來個城市旅行、山林探索。這麼做能讓你脫離原來一成不變的日常，進而在心中注入對生活的期待與新鮮感。

別忘了，還要多曬太陽，不只對身體健康有好處，還能令心情開朗，更有助於晚上一夜好眠。睡得好，心情自然好！

四、隨意拿一本書讀

這是另一種生活探險的形式。在你的書櫃前閉上眼睛，任意挑選一本書，隨意翻開某一頁開始閱讀。有時候，一些毫不相關的隻字片語，正好能帶給你新的啟發。如果你家裡的書不多，也可以前往書店或圖書館，隨意走到某個書區，別管書名，隨機拿起一本書，翻開任一頁，讓陌生的文字帶你轉換心境。

五、聽一首經典老歌

在網路上找幾首小時候或年輕時曾經喜愛的歌曲，好好回味一番。音樂能勾起回憶，讓回憶帶你回到過往體力無限，卻又青澀懵懂的時期，再次體驗那純真無憂又熱情洋溢的身心狀態。甚至，你可以跟著旋律搖擺身體，跳起舞來。

六、寫下心中的思緒

拿一張紙，用筆寫下心裡的感覺與想法，任何情緒感受或念頭，都可以寫下來。不要管邏輯或文法，也不要在意是非對錯，就只是記錄下腦中浮現的，與心中感受到的一切。

歡迎你寫下心中的抱怨、不滿或怨恨，這張紙只有自己看得到，就只是抒發心情，寫完就丟掉，不一定要留著。

當負面情緒來襲時，你可以透過上述方法去緩解，當然還有其他調節情緒的管道。然而，這些方法都需要刻意花時間執行，現代人每分每秒都在忙碌中度過，哪有這個閒暇時刻，帶著惡劣心情去度個假呢？

此刻，你感到哪裡最緊繃？

如果是這樣，你便需要養成「哪裡緊繃，哪裡放鬆」的習慣。讀到這裡，你是否感覺到肩頸有些緊繃呢？

我常在課程中問學員，此刻哪裡感到最緊繃？七成以上的人會回答肩頸，然後就開始轉脖子、捏肩膀。

我又問：「如果我沒問，你們會發現此時肩頸『頂扣扣』嗎？」大概不會，因為沒有覺察。通常是等到很嚴重時，才會去正視。

前一陣子，某天我在電腦螢幕前，收到一封棘手的信件，正苦思著如何回信。好不容易回完信後，突然間，肩膀一陣緊繃，不只緊繃，轉動脖子時還會感到刺痛。那感覺就好像落枕一樣。就我的經驗，可能需要兩、三天才會好轉。

同時我也察覺到，這份肩頸的緊繃不適，可能與剛剛處理的棘手信件有關。當時處在高度警覺狀態，身體動員強大的能量來因應危急，特別是肩頸處過度用力。當危機解除後，肩頸部位卻放鬆不下來，甚至感到疼痛難耐。

此時很多人會試著拉伸肩頸、轉轉脖子，我也是如此，卻沒什麼緩解，該怎麼辦呢？

關注疼痛部位，對著它說話

於是我坐下來，閉上眼睛，配合深呼吸，做一次全身的放鬆練習。接著，將注意力放到疼痛緊繃的部位，去感受那個感覺。

我試著放慢呼吸速度，緩緩的吸氣，再徐徐的吐氣；吐氣時，在內心告訴自己：「放鬆、放鬆……。」

接著，我用手輕輕碰觸疼痛的部位，對著它說：「我知道，這份疼痛緊繃，是因為你剛剛很努力的幫助我因應困境，你正在提醒我危機當前。」

「我要謝謝你用這樣的方式保護我。現在，問題已經處理好了，你也可以放鬆下來了。當你放鬆下來，我會感到更舒適自在，而我的大腦也能清晰運作，幫助我解決更多問題。」

為什麼要對疼痛的部位說話呢？

理解症狀背後的正向意圖

我們常為了日常瑣事而煩惱糾結，這些心情上的煩悶與沉重，會轉化成身體上的疼痛或不適，稱為「症狀」。而這些症狀背後總有一些「正向意圖」，也就是存在著善意，通常是為了保護我們免受傷害，不然就是幫助我們突破困境。

像是發燒這個症狀，雖然會帶給我們痛苦，卻能活化免疫功能，進而消滅體內的病毒或細菌。當保護身體的任務完成時，症狀就會退場。

尤其是由心理困擾轉化為身體疼痛的這份善意，一定要先被看見，症狀才有消解的可能。剛剛的自我對話，就是在對症狀說話，感謝它的保護，並邀請它以不同的方式幫助我度過難關。

漸漸的，我覺得好多了；到了下午，就完全不痛了。當然，如果持續疼痛難耐，還是要循正常管道就醫。

有意識的連結身體感覺，哪裡緊繃，哪裡放鬆

從小到大，我們經歷過大量的事件，引發我們種種情緒反應。那些緊張、恐懼、內疚、失落、挫敗等負面情緒，常常讓我們的身體緊繃；如果我們又習慣壓抑情

緒，身體便需要耗費更大的力氣去擺平那些不舒服的感受，經常過度用力，導致某些部位長期緊繃。

就這樣，我們的身體長期承載著大量情緒能量，難以得到釋放，某些特定部位就會時不時的疼痛起來。平時你忙著過日子，根本沒有覺察。當你真的發現時，往往已經痛到很不舒服了。

最好的方式，就是在日常生活中，隨時隨地關注自己的身體，更有意識的連結身體感覺——哪裡緊繃，就刻意的放鬆那個部位。在放鬆前，記得試著找到負面情緒與身體疼痛背後的正向意圖，看見它用力保護我們的善意，感謝它的守護與付出，並邀請它用不同的方式幫助我們。

這通常不需要花太多時間，在任何時刻或地點都可以進行。只要時常練習，便能提升你的覺察度和對身體的敏銳度。當下，你就能獲得平靜。

志恆老師的幸福練習室

你認為追求快樂和去除痛苦，哪個重要呢？

早期的心理學，研究對象常常是那些有心理困擾的人，心理學家設法將人們從惡劣情緒的深淵中拉出來。近三十年來，隨著正向心理學（Positive Psychology）興起，心理學家關注的焦點轉移到人是如何變得更快樂，活得更健康、有意義。

一般人都期待在生活中體驗到更多正向愉悅的感受，於是透過各種物質享受、感官刺激，或者獲得財富、地位，以及贏過別人，來提升愉悅感。

然而，當體驗到更多快樂時，我們依然不滿足，甚至覺得麻木；只好透過更多的享樂，來獲得更強的愉悅感受。這稱為「快樂水車效應（Hedonic treadmill effect）」。

另一方面，處在痛苦中的人，一心只想著如何擺脫或減緩痛苦。像是為考試煩惱的學生、在職場受挫的工作者、因為孩子問題而苦惱的家長等，他們會想：「要是沒有這些煩惱就好了！」換句話說，對他們而言，只要煩惱消失了，就會感到快樂。

這不禁讓我們思索，人活在這世上，除了生存下去，終生追求的究竟是什麼？

後來越來越多人發現，他們內心渴望的，不是極大的愉悅，也不是沒有痛苦，而是內在平靜。只要內在平靜，即使遭遇困境，即使不吃喝玩樂，也能感到幸福。

不過，對許多人而言，想要擁有內在平靜，卻是極度奢侈的願望。我們每天為許多事情操煩，思緒不是處在對過去的懊惱中，就是處在對未來的焦慮中，常常無法回到當下，這便是難以擁有內在平靜的原因。

一旦將注意力放回當下，你將會立即感到平靜。而當下是什麼？就是身體的感覺，包括呼吸、心跳、皮膚、肌肉與內臟的感覺，永遠處在當下。現在，請試著將注意力放在你的呼吸上，注意每一次吸氣與呼氣的節奏，此刻，你的內在就是平靜的，不是嗎？

這篇文章提到隨時隨地的放鬆，就是在提醒你，時常將專注力放回身體的感覺上，幫助自己在當下回到內在平靜的狀態中。生活是由每一個片刻所組成，累積越多內在平靜的片刻，你將擁有越多幸福感。

反思與覺察

1. 文中提到六個調整心情的方式，你曾經嘗試過哪些？對你是否有幫助？
2. 當你心情惡劣時，你還會用哪些方式來幫助自己緩解情緒，回到平穩狀態？
3. 你是否觀察到自己的身體，哪裡時常特別緊繃或沉重？請試著找到這些緊繃與沉重背後的正向意圖。
4. 文中邀請你與自己的身體感覺對話，你認為，身體真的能聽懂你說的話嗎？

Chapter 2

維繫關係

幫助別人，肯定是快樂的泉源；

但幫助別人之前，也請先問問自己：「我準備好了嗎？」

引言 Introduction

養寵物為什麼能讓人感到更幸福？

世界衛生組織（WHO）最近才將「孤獨」列為全球公衛危機之一，長期孤獨帶來的身心傷害不亞於每天吸十五支香菸，甚至比肥胖或缺乏運動還要人命。

一般認為老人最常感到寂寞，因為缺乏人際互動與連結。過去，許多老人家因為子女成年離家而獨居，家中的電視成了唯一陪伴。而今智慧型手機發達，長輩也會使用3C，老人家也常盯著小螢幕，手機影音成癮的問題也開始浮現。

除了老人，許多年輕人也感到寂寞。特別是過去三年經歷了新冠疫情，長期的社交隔離造成許多青少年孤獨感遽增，也影響身心健康。

或許有人會問，我就是沒朋友，家人又不在身旁，感到孤獨時怎麼辦？

社會心理學家會建議你，去養寵物吧！美國的醫學研究發現，擁有毛小孩的老人比起沒有養寵物的老人，孤獨感少了百分之三十六。養寵物能減少孤獨，主要原因是寵物能觸發社交活動，為什麼？

養寵物的人不會一直窩在家裡，總要帶出去遛遛吧！到公園遛毛小孩時，會遇到一樣擁有毛小孩的飼主。於是，人們便有了共通話題，甚至最後成了定期碰面的朋友。與志同道合的夥伴有定期的社交互動，也會讓你更有歸屬感。

當然，擁抱寵物也會促使體內的催產素分泌，令人感到愉悅、放鬆。事實上，人與人之間的相互觸摸、擁抱，也會有相同的效果，甚至，身體接觸還能減輕疼痛。

心理學家找來多對伴侶進行研究發現，當一方經歷疼痛時，有伴侶握著手和伴侶只是在一旁而沒有握著手，前者的疼痛感受會明顯下降。當然，若是陌生人與你的身體接觸，則沒有這個效果。

這說明了當我們生病或心情不佳時，總是希望親人能陪伴在身旁，而家人的肢體撫觸能讓我們感到溫暖放鬆。有小孩的家長都知道，當孩子不開心、鬧脾氣時，沒有什麼事是不能用一個大擁抱來解決；如果一個不夠，那就兩個、三個，甚至更多。

然而，健康正向的人際關係是需要主動去經營的，這牽涉到人我之間的相處互動之道，也與你如何謹守人我界線，以及有效溝通表達有關。

在「維繫關係」這一主題中，我為讀者準備的五篇文章，是關於如何表達關懷、如何面對他人期待、如何有效溝通等議題。同時，也會探討在親密關係中，真正的「愛」是怎麼一回事，進而回到自己身上，問問自己，你與自己的關係如何呢？

人際間的相互支持能令人更感幸福，這也是可以透過練習獲得的。

善解人意的人，總是有辦法接住他人的情緒

文——陳志恆

你也覺得安慰人很難嗎？

舉例來說，你的好友為了團隊任務全心投入，幾乎攬下百分之八十以上的工作，最後成績不如預期，團隊成員卻反過來責怪他，令他感到既委屈又生氣。

好友憤憤不平的抱怨：「可惡，那些人只會袖手旁觀，什麼都不做，卻又愛說風涼話、放馬後炮！」

你想安慰他，脫口而出：「好啦！別太在意，能者多勞呀！你就是能力強，所以承擔得多嘛！」這是一句很平常的安慰，有些人聽了，會感覺被鼓舞；但有些人聽

了，反而感到很刺耳。

「憑什麼能者多勞？是能者過勞吧！」好友越說越氣。

這下子換你感到挫折了，這樣的安慰難道有錯嗎？

無效的安慰令人更加沮喪

你這麼說，並沒有錯，只是無效而已。

在人際互動中，尤其是想關懷或鼓勵他人時，對錯不是最重要的；是否能讓人感受到被理解和被支持，才是關鍵。

為了避免無效安慰，我們得先知道，哪些「地雷」不能踩。一旦踩了，安慰不成，反而會令對方感到更沮喪，更可能失去對你的信任。

像是不斷要求對方「別想了」、「沒那麼嚴重」、「不要鑽牛角尖」，同時要對方正向思考：「你能這樣，已經很好了」、「明天又是美好的一天」；或是不允許對方傷心難過：「開心一點啦」、「這有什麼好生氣的」；或是拚命的分析說教：「會發生這樣的事，就是因為……」；或是不斷提供建議、下指導棋：「聽我的，你照著這樣做就對啦」；甚至滔滔不絕說起自己的往事。

人在難過失意時，實在不喜歡聽到上述這些話。那麼，該怎麼做比較好呢？去看看你身旁那些最善解人意的人，向他們學習吧！

全然的允許，全然的接納

大學時，有一次和室友起了口角，我氣得跑到一位學長的宿舍，想找他訴苦。我待在那房間裡，夏日午後異常悶熱，老舊的電扇快速旋轉，不時發出嘎嘎的聲響。

我坐在地上，沮喪的低著頭；學長從椅子上起身，陪著我坐在地板上。他說：「怎麼啦？發生什麼事了？」

「我……我不知道怎麼說，我只覺得很生氣！」

學長等了我好一會兒，接著說：「嗯……我不知道發生什麼事，如果你願意告訴我，我很樂意聽你說；但如果你不想說，或者不知道怎麼說，也沒關係，等你想說的時候再說就好！」說完，就在一旁靜靜的陪著我。

事實上，我很需要他的安慰，也想問他該怎麼辦，但我氣得不知道如何開口。當聽到學長這番話時，我卻有種如釋重負的感覺。

為什麼？因為當下我是被全然的尊重與接納，即使我什麼都沒有說。

那位學長向來善解人意，厲害的不是他很懂得別人在想什麼，而是他總是表現出願意關懷，同時又尊重對方的態度。於是，我可以說，也可以不說，所有的一切，都被他接納了。

關注情緒感受，升起更多力量

進入職場後，有一次我在工作上遇到瓶頸，不知道如何是好。我找了一位前輩討論，向他尋求建議；我會找他談，是因為每次與他對話總是感到很自在。

我說出了自己的困境，他好奇的問了幾個問題，我回答之後，只見他點點頭說：「這一定讓你感到很為難，好像你怎麼做都不對，是嗎？而且，你也感到很委屈吧！這明明就不是你的錯，你卻得承擔別人的批評。」他又說：「我想，你會覺得這麼煩，其實是很希望圓滿的處理好這些事吧！」

這每一句話，都說到我的心坎裡，困擾好了大半。雖然困境猶在，問題仍沒被解決，但我不安、無力、擔憂的心情，已經好多了！

當下他沒有給我任何建議，也沒有要求我別在意，更不會強迫我往好處想，就只是關注我的情緒感受。

善解人意的人，除了善於傾聽外，更會聚焦在情緒感受上。

先試著理解對方內心的感覺，像是恐懼、擔心、焦慮、無助、憤怒、內疚、自責、茫然等，試著回應這些感覺，再從情緒感受出發，進一步去讀懂對方真正在乎的是什麼。

難怪與他對談時，我總是感到很自在；與他對話後，我的內心也會變得安定。我知道，那是一種當惡劣心情急速下墜時，被牢牢接住的狀態。當我回到穩定、平靜與自在的狀態時，我的內在升起了力量，腦筋動了起來，也更有勇氣去嘗試新方法。

信任關係就建立在理解的基礎上

有時候，看著身旁的人受苦，我們總感到不捨。我們想給予關懷、提供支持，但安慰的話一說出口，卻不見對方有好轉一些，這令我們感到挫敗，甚至反過來責怪對方懦弱無能、不知振作。

殊不知，其實是我們無處安放自己的擔心與無力，反而把這些情緒垃圾倒回受苦的人身上。

對大部分的人來說，當遇到麻煩而感到痛苦時，也常以為自己需要的，是他人有智慧的建議或指引；然而內心深處渴望的，其實是被充分理解與全然接納。

信任關係就是建立在理解的基礎上。想想看，那些你最信任的人，你最想把祕密或心事第一個告訴他的人，是不是也正是最能理解你，最懂你在乎什麼的人呢？

因為你的心情被牢牢接住了，你就會願意對他敞開心房，與對方分享你的心事。

有時候，你就是難以安慰別人

安慰是態度與技巧的綜合體，更像是一門藝術，絕不是一件簡單的事情。你必須有辦法接住對方的情緒，於是，你得先收起想給人建議的雞婆心態，你得勒住想批評說教的舌頭。你得給予對方絕對的尊重，撐起一個安全的心理空間，由對方自己決定要說多少、怎麼說；同時，關注對方的情緒感受，而非急著幫對方解決問題。

最後，你也得承認，不管你怎麼努力，有些人就是安慰不了。也就是說，無論你怎麼安慰，有的人就是不會感到比較好。這可能會令你有些沮喪，你也得接受這份失落，你知道自己盡力了就好。

痛苦是對方的，他終究得自己去承擔，你只能陪伴與協助，不需要代替他去受苦。事實上，這也是一種尊重對方的表現。

志恆老師的幸福練習室

小學高年級時，有一次教室失竊。大夥兒上完體育課回到教室，發現每個座位的抽屜或書包，都被翻過了。許多同學帶來的現金不見了，還有一位女同學放在抽屜裡的手錶被偷走，難過的趴在桌上哭泣。

第二節下課，她與幾位女同學在走廊上說話，面色凝重，我想過去關心她。才走近說：「聽說你的手錶不見了……」她便激動回我：「走開啦！少在那邊幸災樂禍！」「對啦！走開啦！」其他女同學也紛紛附和。我自討沒趣的趕緊離開，心想：真是「好心被雷親」（臺語）。這也才深刻體會到，安慰人還真不容易。

後來，我走向助人領域，學習到更多助人技巧後，才知道，原來幫助別人不是只要有滿腔熱血就好，還要掌握技巧，懂得運用方法。鑽研助人技巧一輪之後，最大的體悟是，原來最難安慰的對象，其實是身邊最親近的家人。

這幾年，心理輔導或諮商相關的大學科系錄取分數都提高了，顯見有越來越多人想進入這個領域研讀，未來想成為心理師或相關的助人工作者。

我遇過不少進入助人領域學習的人，是因為先前在生命困頓時，曾經受過專業協助才走出陰霾。於是，他也想成為一位助人者，一方面能幫助別人，回饋社會；另一方面，透過助人來提升自己的價值。

注意了！「透過助人來提升自我價值」這件事本身沒有錯，但若過度把助人作為滿足自身成就的途徑，很可能會在助人過程中挫敗累累。甚至，與你正在幫助的對象一起陷入無力感之中。

而那份無力感，會勾起你當初在生命困頓時的痛苦感受，如果沒有一定程度的自我覺察，你很可能會再度陷入過去的創傷經驗當中。這又會回過頭來使你沒辦法好好陪伴你想陪伴的人，更無法接住他人的情緒。

幫助別人，肯定是快樂的泉源；但幫助別人，也有可能反而讓自己受傷。即使你充滿使命感，也請時時問自己：「我準備好了嗎？」，以及「我目前的身心狀態夠好嗎？」如此，你才能真正接住他人的苦，才有辦法給他人力量。

反思與覺察

1. 除了文章中提到的安慰方法以外，你認為安慰或關心別人，還需要具備什麼條件，或運用什麼技巧？

2. 你曾經體驗過被人安慰或關心，而感到比較好過嗎？當時，對方說了或做了什麼，讓你的心情不再惡劣，或者感到比較有希望和力量？

3. 孟子說：「人皆有不忍人之心。」當看到他人痛苦時，會令我們心生不忍，想伸出援手，幫助他人脫離痛苦後，我們也會感到好受多了。你認同這樣的說法嗎？

4. 當你無論怎麼做，就是安慰不了別人時，為什麼要接受這樣的事實，並尊重對方的感受與決定呢？

什麼才是愛？我曾經想成為最好的女朋友

文——曾寶儀

小時候，我們的愛是從大人身上學會的。大人透過照顧我們來表達愛，於是我們會誤以為照顧他人就是一種愛。但是，愛只是這樣而已嗎？

長大一點之後，我透過電影和書本來學習愛。於是我發現，強烈的想看見某個人、想要把對方擁入懷中、想要撫摸、想要擁有的渴望，可能就是一種愛。但是，那些想要的背後，經常也伴隨著許多痛苦。

可是真正的愛，背後應該是沒有痛苦的啊！那到底，什麼才是愛？

在人生旅途中，我透過各種經歷，一點一點慢慢體會愛。這當中，也包括問問我自己：「我到底想要被怎麼樣對待？我想得到什麼樣的愛？」

以前的我很需要陪伴，我很怕一個人，也很怕孤單，如果一個人，就覺得自己好像什麼也不是。那時候的我，無法面對我自己，所以總想要有人在身邊。於是我認為「愛就是陪伴」。我需要家人、朋友、愛人的陪伴，我會一直想要談戀愛。因為有了愛人，就會有人陪伴我，所以談戀愛變成我生活中非常重要的一件事。

但即使身邊一直有人陪伴我，我心中依然有一種空虛的感覺。彷彿有一個洞，一直沒有被填滿。於是，我再度感到疑惑——這是愛嗎？陪伴就是愛了嗎？

或許你我都有這樣的經驗，我們一度覺得擁有對方就像擁有全世界，但到了某個時刻，卻覺得這樣的相伴變成一種折磨。當初的愛，不見了嗎？它跑哪裡去了？為什麼愛這麼機巧、這麼容易變化……愛難道不應該是永恆的嗎？

成為世界上最好的女朋友，曾經是我的人生目標。我是一個愛談戀愛的雙魚座，我享受在愛裡，也希望能給對方最好的愛。我不需要成為頂尖的女強人，但我希望成為對方最好的伴侶。

然而，在一段段的情感經歷中，我發現這樣的想法讓我陷入無盡的痛苦。

首先，當我以成為一個最好的女朋友為目標時，就意味著，我的人生中必須要有伴侶。其次，我會因為對象的不同，而讓自己調整變化成「他」想要的樣子。但那樣的我，不見得是自己最舒服、自在的樣子，也不是「我」真正的樣子。或許一開始總是甜蜜，但隨著時間過去，就只剩下妥協與配合。甚至在相處模式固定下來之後，就只會害怕要是不這麼做，就可能會起衝突。

這樣還算是愛嗎？愛為什麼變成了這個樣子？

究竟是你變了？我變了？還是有什麼變了？

於是，成為最好的女朋友，慢慢的變成一個詭異的生命目標——我這樣想，真的對嗎？

萬一我認識的是一個王八蛋，那我是不是得耗費好幾年的痛苦折磨，才會意識到，這樣的付出並不值得？這麼一來，我的人生不就要奠基在他人的價值底下嗎？那我呢，我在哪裡呢？

真正的愛是讓一切事物為之所是

年輕的時候，我總覺得，能夠好好談一段戀愛，就是人生最好的事。要是能像好萊塢電影一樣，王子與公主從此過著幸福快樂的生活，那就是最棒的事情了。但電影從來沒有告訴我們，「the end」之後，男女主角又發生了什麼、面對了什麼。

長大後才懂得，每一天，我們都在面對「the end」之後。

我總是透過愛情，才慢慢學會愛。在談了幾段不是很成功的戀愛之後，我逐漸發現，那個最適合我的人、那個完美的人，可能並不存在。因為，我也不是一個完美的人。

當我要求另一個人成為完美的同時，我也在無意間要求自己成為完美。我要成為一個完美的女朋友，這意味著我也在期盼對方成為完美。只要對方不符合我的要求，我就會感到痛苦；當我覺得自己不符合他的要求，我也會感到痛苦。但真正的愛，不應該有痛苦。

愛當中或許有學習、有成長、有互動，但愛不應該是痛苦的。那些痛苦更像是一種提醒，讓我們知道，在愛的學習上，還有沒想明白的地方。

比方說，分離是一種痛苦；得不到是一種痛苦。但我也慢慢學習到，所謂的痛苦，某種程度上，都是自己帶給自己的。我怎麼看這個現狀，將決定我是否感到痛苦。要是沒有分離的痛苦，怎麼會有相聚的快樂？於是分離真的痛苦嗎？還是可以視為重逢的前奏呢？很多事情都是相對的，不見得要用絕對的方式去理解。

雖然我一直在尋求一個絕對的愛的答案，但卻在嘗試相對的過程中，我漸漸靠近了愛的真相。我漸漸從愛「不是」什麼，明白了愛「是」什麼。卸下了廣告、電影、父母、社會、DNA……為我帶來的種種限制之後，剩下的是什麼？那真正屬於我、來自我對愛的理解，是什麼？

真正的愛是讓一切事物為之所是。這是我的現任伴侶，在交往多年之後，慢慢教會我的。

愛裡從來不該有犧牲

我有一個慣性，總覺得「還有更好的東西在後頭」。因此，我去旅行的時候經常趕行程，因為我總覺得下一個地方或許更精采！我覺得明天一定比今天更好，下一個地點會比現在這裡更好、更漂亮，一定還有什麼我不知道的在等著我，一定還有什麼好事正準備要發生吧……。

這種慣性可能會發生在生命中的不同階段，畢了業考上大學就好了吧？成為大人就好了吧？升職加薪就好了吧？中樂透賺大錢就好了吧？找到更好的伴侶就好了吧？結了婚生了小孩就好了吧？小孩長大我的責任了了就好了吧？退休後什麼也不用做就好了吧？

在我尚未意識到這一點的時候，它就已是我身上無意識的慣性，展現在我生活的方方面面。我經常沒有好好的待在當下，因為我總在期盼未來。一直到後來，我才慢慢明白，少了每一個當下的細細品味，其實就失去了旅行的意義、生活的意義，甚至是關係的意義。

這樣的慣性鮮明的展現在我和男友的關係中。即使我渾然不自知，枕邊人卻很清楚——如果你總是期待會有下一個更好的可能，那現在的我算什麼？我無意識的慣性不僅讓自己痛苦，也讓身邊的人很痛苦。

一開始我並不明白，我認為自己全心全意投入在這段關係裡，但其實，我的言行舉止都說不了謊。我們的慣性、生活習性，都是不會說謊的。如果我沒有發現自己的慣性、破除這個迷思，我就只會永遠處在等待裡，等待未來的美好發生，等待每一個「下一次會更好」。而那對伴侶來說，是非常傷人的事，多年來我卻渾然不知。

為此我和男友有過爭吵，也有過多次溝通。最後，他對我說了一句話：「如果和我在一起的你，不是真正的你、不是你最想成為的你，那我寧願你不要跟我在一起！」這句話，就像當頭棒喝一樣給了我一擊。

一開始我也委屈，我也抗拒：「我做錯什麼了？我覺得我是一個很好的女朋友啊！」一直以來，我努力的做一個很好的女朋友，但卻忽略了一件事——如果我沒有成為我自己，我就不可能成為一個最好的女朋友，或許該說我根本不需要成為一個最好的女朋友，只要成為我自己就好。

在愛裡，我們經常會說：「我都為你付出了這麼多……」但或許，我們付出的，並不是對方想要的；而那個為了付出而委屈妥協的自己，也不見得是對方喜歡的樣子。真正愛我的人，不會想要我做那個「最好的女朋友」，他只會想要我成為「最好的自己」。

或許我們身上都有一些舊有的模式，下意識的運作著，需要我們更清晰的去看見。許多一直以來的慣性，並不容易在一夕之間改變，但是只要意識到，就是第一步的開始。

「我現在看見了，我不會讓它再發生……」我對男友說：「但若是我重蹈覆轍，請你提醒我，我不是故意的，而是我不自覺、是我沒有意識到。這些模式是怎麼來到我身上的，我還沒有弄清楚，但我想和它說再見。請你陪伴我、幫助我，請相信，我是真心的想要和你好好學習，一起向前走。」

這番話，就相當於是我的宣言。當我對我的生命、對我自己、對我的伴侶，發出這個宣言之後，我們就再也沒有為這件事情吵過架。舊的模式依然可能浮現，但他發現時會提醒我，我也時時保持覺察，我們有共識的，一起為這件事情努力。

我很清楚，我不要再做同樣的事情了，因為那不是我，那也不是愛，愛裡從來不該有犧牲。

所有不是「你」的事情，做起來一定很痛苦。或許一開始，我們還可以用愛情的泡泡去粉飾：「因為我愛他！」、「因為他喜歡！」但如果那不是真正的你，時間一長，就能感受到心中的勉強。

比方說，我不是家庭主婦類型的女生。如果我的男友心中期望另一半賢慧顧家，一日三餐都細心準備，家事一手包辦，溫柔細心又體貼，那麼他會非常痛苦，我也會非常痛苦。因為這些都不是我擅長的事。當然我可以試著去做，但過程中，我可能要付出特別多的力氣，承受龐大的焦慮和壓力，成果還不一定能如預期。

我們每個人都有自己適才適性的發揮之處。有些人做某些事就是特別容易上手，因為那就是屬於他的東西，所以做起來不僅比別人輕鬆、更容易做得好，還能樂在其中。

如果我不是在做我最開心的事，我的身體會知道，我的心也會有一種「犧牲」的感覺。然而，愛裡從來不該有犧牲。

無法真正成為自己，活出自己，當然會造成傷痛

有時我會聽到朋友說：「我只是為了孩子才忍耐我的另一半。」或是聽到他對孩子說：「要不是因為你，我早就怎麼怎麼了！」聽到這些話的時候，我總是會想，為什麼他不能只對孩子說：「我只是因為愛你、想成為你的父母。」為什麼要讓孩子背負著「父母為了我犧牲很多」的愧疚？回過頭來進行所謂「孝順」的動作，只是一種還債的心態，而不是因為我從你這裡得到了無條件的支持與愛，所以我也很愉悅的用無條件的支持與愛來對待你。更糟的是孩子可能會無意識承擔了「因為我愛你，所以

我必須犧牲自己」的木馬程式，然後讓這樣的行為模式一代一代傳下去。

當我們定義出生活中的優先順序，那是一種釐清，而不是委屈或犧牲。例如許多明星婚後退居幕後，相夫教子，旁人經常感到「可惜」。但，如果那是對方真心想要的選擇，如果那當中沒有犧牲，當事人就只會充滿喜悅，又何來的可惜呢？

真正的愛，或許不見得在於多做什麼。不只是「我幫你蓋了棉被」或是「我為你做了飯」；付出當然是愛的一部分，但我在走過人生之後才逐漸明白，真正的愛是讓一切事物為之所是。無論對自己、對對方，都是如此。

前陣子我讀了動植物溝通師春花媽的書《跟一棵樹聊天，聽他的人生哲學》。其中，春花媽跟造型盆栽聊天的故事，給了我很大的衝擊。

故事的主角松樹被修剪成獨特的造型，旁邊還搭配青苔造景，透過人工的美感雕琢，儼然成為一件藝術品。

然而，松樹卻一點也不開心，認為：「你們為什麼硬是要我往下長呢？太陽就在上面，為什麼你們要覺得往下長才是對的！」

苔蘚也說：「沒錯！我就是要在這裡最舒服、最快樂、最好生長，你們為什麼硬要把我挪到那裡？」

看到這裡我才發現，是啊，人就是這樣。我們經常按自己的想法，去決定是非對錯，卻忽略了「對方」怎麼想。我們覺得這樣美，覺得那樣好，甚至覺得「我這麼做是為你好」！然而，所有一意孤行、單方面強加的「為你好」，最後只會在對方身上留下傷痛。那個對方，可能是植物、動物，也可能是子女、伴侶，或任何一個我們所愛的人。

傷痛不只來自彼此之間的衝突或抗拒，也不只來自倔強的屈服；當對方產生「因為你是為我好，所以我得接受」的想法時，即使是心甘情願的妥協，他依然都因此變得「不再是自己」。松樹不松樹了，苔蘚不苔蘚了，孩子不孩子了，我也不是我了……無法真正成為自己、活出自己，當然會造成傷痛。

當我們真正的愛一個人，不會希望對方痛苦。當對方能真正自在的舒展自己，感覺自己所有真實面貌都被接納、被包容的時候，或許才是真正的愛的展現。因為，那也是我們所有人都希望被愛的方式，不是嗎？

本文出自曾寶儀《人生最大的成就，是成為你自己》

二〇二一，天下生活出版

志恆老師的幸福練習室

在親密關係中，有一種不健康的想法叫做「託付心態」。就是把自己的一切完全交託到另一個人身上，期待由他來照顧我的人生，甚至為我的人生負責。一旦這麼想，我就不是我自己了，我只是另一個人的附屬品。我以為這樣能為自己帶來幸福，事實上，這常是悲劇的開始。

在過去父權至上的時代，婦女必須遵守「三從」，哪三從？未嫁從父、出嫁從夫、夫死從子。以前的女性，一生中鮮少被允許主導自己的人生，傳統倫理不允許她們做自己，自然需要抱持著託付心態。

隨著時代變遷，這些過時的傳統雖已被摒棄，但現代人在感情中仍存有託付心態，不只女性，男性也有。例如，不少男性在親密關係中，試圖尋找一個可以全然包容與體諒他的對象，就好像母親般的無私照顧；於是，這些男性在關係中便自動退化成男孩，呈現不成熟與幼稚的一面。

當我把人生幸福的責任託付給你時，我得犧牲自己，處處滿足你的需要，才能換來你對我的重視。同時，我也要你為我的人生幸福負責，如果你做不到，我就會處處抱怨你、挑剔你、要求你。

於是，我不允許自己做真正的我，也不允許你成為真正的你。當激情退去，雙方在感情中將只剩下怨懟、責難與隱忍。這樣的愛，只是在互相消耗，而非彼此提升。

曾寶儀在這篇文章中，給了我們重要的提醒，也是許多年輕朋友在踏入感情世界時，常會抱持的錯誤心態——總想成為對方最好的情人，毫無保留的為對方付出，而忽略了自己的需求。

也許，我們可以進一步問問自己：是什麼讓我抱持著託付心態，在愛情裡無法做真正的自己？不只愛情，在其他關係中也是如此。或許你可以問問自己，這與我的成長經歷是否有關？這與我原生家庭父母的相處模式，是否有關？這與我從小接受的情感教育，是否有關？

理解與覺察，正是改變的開始。當你能為自己的人生負起百分之百的責任，你便有能力在關係中呈現真實的自己，同時也願意允許對方做真正的自己。

如此而來的情感關係，會是彼此尊重的，也是自在的。

反思與覺察

1. 你心目中理想的愛情關係，是什麼樣子呢？這個圖像或期待，是怎麼來的？
2. 很多人都會說：「我這麼做是為你好。」當你聽到這句話時，心裡有什麼感覺或想法？
3. 如果你的伴侶在愛情關係中，總是無法滿足你的期待，你會怎麼辦？
4. 如果你的伴侶在愛情關係中，總是抱怨你不能滿足他的期待，你會怎麼辦？

想變得更好是你的需要，還是別人的需要？

文——徐慧玲、羅鈞鴻（小虎）

懂得分辨自己的需求與他人的應該，就能有意識的排除「應該」對人生造成的干擾。

有一天，有個好久不見的學員預約了一對一對談，他是一位時常到海外分享專業內容的演說家。我問他這次對談希望改善什麼說話問題，他說：「小虎老師，我覺得自己的中文很不標準，發音很臺灣國語，能不能利用一對一教練改善呢？」

我很好奇為什麼他需要改善發音，上臺演說這麼多年，這樣的說話方式不是都很順利嗎？為什麼忽然有這種需要呢？

他說，因為有一次心血來潮，看了自己某次到北京演講的錄影，當時的主持人說著一口非常標準的北京腔，跟他的臺灣國語形成極大對比，覺得自己很丟臉，所以希望能夠改善他的中文發音。

聽了他的解釋之後，我忽然感慨：「就算是很成功的演說家，也會跟一般人有一樣的煩惱——聽了自己的聲音之後，覺得聽不慣，所有小瑕疵聽起來都很刺耳。」

我認為，希望自己可以更好並不是一件壞事，但所有的改變是否能成真，都跟起心動念有極大的關係。

所以我又進一步問：「你認為改善發音，會為你帶來什麼呢？」

他說：「我想，對聽眾來說，會聽起來更舒服吧！」

我問：「這麼多年來，有聽眾反應過你的發音問題嗎？」

他回答：「沒有。」

我說：「那你仔細想想，更標準的發音，是聽眾的需要，還是你自己的需要？」

他說：「你說得沒錯，確實是我自己需要，只因為我聽不慣自己的發音而已！」

我告訴他：「那麼我們也許要重新定義問題嘍！你真正的問題不是發音的方式，而是你如何看待自己的聲音，你說對嗎？」

後來我告訴他，要改變自己五十多年來的說話習慣，是非常不容易且很挫折的事，因為這些習慣畢竟累積了超過五十年，當然不太可能只用一年半載的時間改變。事實上，他的發音方式並不會讓我覺得聽不清楚，或是產生理解上的錯誤；反而讓我覺得很有個性，是具有個人魅力的聲音。所以我認為，並沒有特別改善的必要。

再者，只要口音不會嚴重影響到別人的聆聽，它本身可以是很美好的。因為口音是來自於地方性的，代表了地方對一個人的孕育，所以保留自己獨特的口音，就意義上來說，也是承認自己的根源，是一種對家的愛。而且，有時候口音也會讓人感到很有親切感，更有人的溫度呢！

只是人在看自己的時候，難免會產生不客觀的評斷標準，很容易拿別人來把自己比下去。在講臺上，主持人說話再怎麼字正腔圓，也不會就此把光采奪走，因為觀眾參加演講的焦點本來就在講者身上，觀眾在意的不是他發音是否標準，而是期待他要為大家帶來什麼好的資訊。所以，與其把時間放在練習咬字發音上，不如繼續研究，為大家帶來更多有益的發現吧！

當解釋完我的想法之後，我問他是否還想要練咬字發音，他說：「哈哈，不用了！原來我只是鬼迷心竅，一不小心對自己失去了信心啊！」

他還說我很奇怪，明明是聲音教練，卻阻止他練聲音。我說：「聲音教練的價值，是讓你喜歡自己的聲音。若是只要改變心態就能解決的問題，又何必花時間練技巧呢？」

不要把時間都花在「應該」上

每個人的時間和心力都是很寶貴的，尤其當我們長大以後，有了越來越多身分和責任，就更沒有多餘的時間可以放在不重要的事情上。

這麼說吧，我們每個人都有各自的「使命」，但使命並不一定是指對社會有貢獻，也可能是會讓你感到充實快樂的興趣愛好。當我們在履行這些使命時，會覺得人生過得特別有意義，像是走在正軌上，可以挺起胸膛、走路都有風。使命是我們與自己關係的橋梁，也是快樂和自信的來源。

但是，我們有時候會因為一些「應該」，把時間、心力放到不是那麼重要的事情上，甚至耽誤了自己真正的使命。

我在學生時代很喜歡練武術，偶爾會到健身房做體能訓練。當時有個健身夥伴跟我分享他的煩惱，他說，他的母親不希望他花時間上健身房，理由是健身跟考研究所沒有關係，要他別浪費時間，應該把心力放在準備考試上。

後來他照做了，我雖然還是會在校園裡遇到他，卻再也沒在健身房碰上。半年後，這位朋友考上了研究所，但是臉上卻失去了我熟悉的自信，而且還稍微胖了些。停止健身、努力準備考試，是他母親給的「應該」，卻不是自己真正的願望；他不再去健身，是為了給母親一個交代，卻壓抑了自己的快樂，這就是典型的「被應該耽誤」。

畢業後，我們持續聯繫了幾年。有一次他跟我說，大學時期最快樂的事情，是偶爾跟死黨一起熬夜唱KTV，還有上健身房。我問他，如果人生能倒帶，還會為了考研究所放棄健身嗎？他說，其實考研究所和健身根本不衝突，但是他當時怕的是跟母親起衝突，所以才選擇當媽媽的乖小孩。

他感慨的說，當時以為自己選擇了對母親的愛，但長大以後才知道，怕跟她吵架並不是愛，而是妥協。如果能重來，他會選擇冒著大吵一架的風險跟母親溝通，即使結果不理想，他也想證明自己就算堅持健身，也能好好準備考試。而他可能會因為那半年的精采人生，而得到更多自信呢！

有意識的排除「應該」的干擾

「這件事，是你的需要，還是別人的需要？」這句話我也常放在心裡進行反思。

有時候我會有完美主義的毛病，像是發現官方網站的排版有點不對稱，我就會忍不住花時間到網站後臺改東改西，一不小心占用了寶貴的工作時間，回過神來，真正重要的事情卻都忘了做。

雖然細節很重要，但仔細想想，網站的排版有沒有對稱，大部分的人恐怕都不會發現吧，而我花時間修改，卻耽誤了其他更重要的工作，這就有點得不償失。

很多時候，別人給的「應該」，或是自己因為不自信、偏執所產生的「應該」，都可能會冒出大大小小的毒害，讓我們不斷耽誤與自己的關係。如果我們的人生大多時間都在滿足那些「應該」，都不去正視自己的需要，那又有什麼自由可言呢？

為什麼我們要談「從我開始的關係功課」？因為所有的關係，都是從與自己的關係開始的。跟自己好好相處，才會知道自己需要的是什麼，懂得分辨自己的需求與他人的應該，就能有意識的排除「應該」對人生造成的干擾，活得更自由，也活得更精采！

本文出自徐慧玲、羅鈞鴻《從我開始的關係功課：先和自己打好關係，才能與他人建立好感連結》二〇二三，圓神出版

志恆老師的幸福練習室

仔細想想，每個人的內在都藏著許多「應該」，每一句「應該」，都是一份對自己的期待或要求。像是：「我應該更苗條才行。」、「我應該要對團隊有貢獻。」、「我應該要事業有成，有房有車。」、「我應該讓父母以我為榮。」、「我應該以他人的意見為重。」

每一句應該，事實上都是一道信念，也就是你相信的事實。

心理治療理論中的理情行為治療學派（Rational Emotive Behavior Therapy; REBT）主張：造成我們情緒困擾的，不是事件本身，而是我們對事件抱持的信念。特別是那些包含「應該」、「必須」、「一定」、「非得」等詞語的強制性要求，往往會令我們感到痛苦。

例如，曾有個為課業學習焦慮的學生來告訴我：「我非考上臺、清、交、成等頂尖大學不可！」我問為什麼？他說，考上這四間頂尖大學，人生才算成功。

我進一步問：「這個想法是怎麼來的？」

「從小父母就是這麼告訴我的！」他說。

原來，這個信念是來自於他父母的「應該」，他內化了父母的期待與要求。而當他對課業力不從心，模擬考校排不理想時，他便覺得人生要毀了；因為，上不了臺、清、交、成，等於人生失敗了！

但真是如此嗎？我問他：「你有多相信這個信念是真的？」其實認真思考，就會發現這個信念根本不堪一擊。沒考上頂尖大學不代表整個人生完蛋，而且，人生永遠有再翻盤的機會。而我更關心的是他的夢想：「你想要就讀什麼科系？你希望未來往哪個領域發展呢？」

傾聽自己內心的渴望，才是更重要的。我們活在關係中，不可能不在意別人的觀感。有時候，我們會盡力滿足旁人的眼光，不免要透過達成他人的期待來獲得肯定。

只是也該回頭想想，我們是否在滿足這些來自他人的期待或要求中，失去了自己。

甚至對旁人而言，你是否有做到這些看似「應該」的事，一點也不重要，卻被你無限放大，進而忽略了去照顧真正重要的事情。

反思與覺察

1. 你內心有哪些深信不疑的「應該」？這每一個「應該」都是合理的嗎？這些「應該」是如何影響你的生活？

2. 如果有人告訴你：「人應該要腳踏實地，不可以走捷徑、鑽漏洞。」但你並不認同，你會如何反駁對方？

3. 來自父母的期待常常成為我們內心的「應該」，你若沒照著做，可能會看見他們失望的眼神。如何在父母的期待和自己的需求之間，取得平衡呢？

4. 如何才能避免過度在意他人的眼光，或者不斷去滿足他人的期待？

掌握四步驟，做好向上溝通

文——陳志恆

在行銷界有一句話：「世界上最困難的事情，就是把觀念放進他人的腦袋裡，然後把錢從他人的口袋裡掏出來。」這句話講的就是如何讓人改變態度，不只是溝通，還涉及了說服。

因此，在商業、行銷或廣告領域，發展出許多有效使人改變態度（進而掏錢買單）的溝通策略。

三種常見的溝通情境

一般來講，生活中常見的溝通情境有三種：

一、向上溝通：對長輩、父母、老師、上司、主管等進行溝通。

二、平行溝通：對平輩、手足、同學、同事、朋友等進行溝通。

三、向下溝通：對晚輩、子女、學生、部屬、後輩等進行溝通。

你認為，哪一種溝通情境最困難呢？

不論你現在的年紀、職位或身分為何，我想，大多數人都會認為，向上溝通是最艱辛的任務。

在職場上，你的提案希望獲得主管的青睞；在家裡，你的決定希望獲得父母的支持；在學校，你懇求老師在課業成績上高抬貴手。這些都需要進行向上溝通，相較於其他情境，是困難得多。

為什麼困難？

首先，長輩或上司與我們之間存在位階差異，他們的手中握有更多資源或籌碼，在權勢不對等下，溝通當然困難。此外，不少人從小與大人的溝通經驗不佳，常常不被允許發言，往後面對長輩或上司，也會感到膽怯，有話說不清。

那麼，如何突破向上溝通的困境呢？

長輩最在乎的其實是溝通時的態度

我們得回到人際溝通的基礎——理解，**溝通的目的在於促成理解，在彼此充分理解的基礎上，尋求共識**。因此，我們可以試著理解一下，在溝通中，師長或長輩們在乎的是什麼？

就我長期的觀察，大部分長輩在乎的，不是你說得多有道理，而是溝通表達時所呈現的態度。沒錯，就是態度，包括說話的語氣是否和善、是否表現出尊重有禮，甚至外表是否看了順眼舒服。

我曾遇過幾次，有學生寄電子郵件來邀請我接受訪談，信裡寫到：「陳心理師好，我們有個作業要訪談你，請問你有空嗎？」

看到這樣的信件，我通常是拒絕居多。我問過同行，他們說他們會直接把信刪掉，不予理會。當然，也有一些熱心的人，會藉此提醒學生邀訪時的書信禮儀。

這正是態度的展現！一封信裡沒頭沒尾，只有極少量資訊，甚至連寄信的人是誰、就讀哪間學校、想訪談什麼內容，都沒寫進去，別人為什麼要理會你呢？

向上溝通四步驟

那麼，如何在展現良好態度的基礎上，與長輩進行溝通？我在此提供你四個步驟作為參考，分別是：找對時機、陳述事實、關注情感、表達訴求。不過實際運用時，你需要彈性變通，而非僅套用公式。

假設一個情境，你在上課時把手機拿出來查資料，被一位嚴格的老師發現了。

他勃然大怒，說你上課不專心，揚言要扣你的平時成績。你覺得自己被誤會了，使用手機是要查找與上課內容有關的資料，而你也不想因此被扣平時成績。你想去找那位老師溝通一下，看看是否有轉圜的餘地，便可以試著運用上述的四個步驟。

一、找對時機

越是重要的事情，越講究溝通的時機。當對方心情平穩、輕鬆愉快、空閒不忙、沒有其他干擾時，就是最好的時機。因此，你可以觀察一下老師的作息，在適當的時機去拜訪他，並禮貌的詢問：「老師，請問您現在有空嗎？我想和您討論一件事。」或者：「老師，我想請您幫個忙。如果您現在很忙，不方便的話，可以和您約個時間嗎？」如果對方當下的心情是輕鬆的，通常不會拒絕。

二、陳述事實

見到面後，把事情的原委盡可能客觀的描述出來，記住要具體、清晰、直接、簡潔、扼要，別帶著情緒加油添醋，或者繞來繞去講不到重點。你可以這樣說：

「昨天上午上課時，我拿出手機使用，被您發現了，您說我上課不專心，要扣我的平時成績。我今天來，是想讓老師知道，我當時是在查課程相關的資料，不是在玩手機。這是我當時瀏覽網頁的紀錄，請老師明察。」

三、**關注情感**

通常到上一個步驟，老師如果心情好，看你態度誠懇，也許就答應了。但也有可能他想起這件事時，怒氣依舊。此刻，關注情感就相當關鍵了。你可以這樣說：

1. 同理情緒：「我知道，您當時很生氣，感覺到不被尊重，我也感到很抱歉！」
2. 肯定付出：「我也知道，您相當在乎學生的學習態度，我會更加留意的。」
3. 感謝關愛：「真的很謝謝老師願意撥時間給我，讓我有機會和您討論一下。」

關注情感是讓對話更有溫度，讓對方感受到被理解，讓對方的用心被看見，通常就有機會鬆動對方的堅持。

四、表達訴求

有了之前的基礎，再明確說出期待、請求幫忙，就會比較容易奏效。例如：「當時，您提到要扣我的平時成績，可否請老師幫個忙，高抬貴手？謝謝老師！」或者：「如果老師願意原諒我的疏忽，再給我一次機會，那就太好了！」

當然，事情不一定會一帆風順，溝通也不見得一次就成功，要是被拒絕了，就只好另找機會，再次重複這四個步驟。當你表現出足夠的誠懇，通常對方答應的可能性就會提高。

最難溝通的對象，竟是家長

不過，許多學生告訴我，最難溝通的不是老師，而是自己的家長。特別是當自己懷抱著夢想要實現，希望獲得家人支持，卻被潑一身冷水時，該怎麼溝通？

這真的很令人洩氣，許多年輕人都困在實現夢想和父母不支持之間，動彈不得。

如果是這樣，我想讓你知道，即使沒有得到父母允許，當你成年後，仍然可以去追求自己的夢想。然而，你為什麼會如此渴望父母的支持呢？那是因為父母的支持會讓你更有底氣；若父母反對，則會令你感受不到他們的愛，你肯定相當難受，也沒有力量繼續前行了。

試著把父母「是否支持你」和「是否愛你」這兩件事分開吧！如果你願意認真去理解，父母不論支持或反對，背後其實都是一份愛；你可以選擇把愛留在心裡，帶著父母的愛，走自己的路。

當然，如果你非要獲得父母認同，與其費盡唇舌，不如用成果證明給他們看。你需要慢慢累積自己在夢想領域的表現，讓他們放心，進而開始認同及支持你。

這不是立刻能達成的任務，但卻是一個可行的方向。

關於向上溝通，請記得，**理解是溝通的關鍵**。長輩或師長通常最在乎的就是態度，也就是他們希望被尊重。因此，你需要帶著誠懇的態度，透過找對時機、陳述事實、關注情感、表達訴求四個步驟與對方互動。

而溝通往往不會一次就成功，尤其是面對自己的父母，拉長戰線、累積成果取得他們的信任。而最後，如果父母就是不願意支持，你也得接受。試著去理解他們的想法與苦衷，「理解」能幫助你接納現狀，帶著夢想前行。

志恆老師的幸福練習室

有一回我對國中生的家長演講，現場也有幾位學生進來一起聽。演講進行到一半，一位國中女生舉手，她問了我一些關於父母規範她網路使用的疑惑，我便趁機告訴現場家長，怎麼做會更好。

她接著問：「為什麼我的爸媽很難溝通？」她的口氣有些激動：「為什麼他們都不能理解我的想法？」

我想，這才是這孩子真正想問的吧！我說：「你的意思是，希望父母能理解你，是嗎？」

「嗯！至少願意和我好好溝通，而不是什麼都要我聽他們的！」

現場氣氛有些尷尬，在場的都是大人，有家長和少數老師；而我也不確定，這個孩子的家長是否在場。而且我的時間有限，無法和她進行較細緻的對話。於是，我這麼告訴她：

「你問的問題，我實在很難回答。很難的原因是幾乎所有的孩子，都覺得大人很難溝通，我曾經也是如此。而在場的這些大人，小時候也曾經覺得自己的父母很難溝通，」我將目光從她身上移開，環視全場，「甚至，就連到現在，也和自己的父母溝通不良。」

我看到有幾位大人在點頭，接著說：「我很難告訴你，該怎麼溝通才有效；該怎麼表達，他們才願意理解你。因為就算你努力了，他們不願意傾聽，也沒有效果。但請你不要怪他們，因為他們沒有學習過這些，甚至，他們自己小時候也沒有被好好理解過。而這也正是我努力在做的事，讓大人們學會如何傾聽與理解孩子。

「所以，請不要期待你的父母能理解你；或者說，你需要去接受，無法被父母理解的失落感。但同時，你依然可以持續努力溝通、盡力表達，並做好自己的本分。

「我知道，你聽到這些回答，會感到很無奈，甚至有些委屈、憤怒。」我停了一下，見她正在思考，我接著說：「然而，我很高興你提出了這個疑惑，讓現場的大人們，有機會去反思，自己的孩子是否有也有類似的心情；進而學習更願意去聽懂自己的孩子，與孩子好好溝通！」

最後，我看著她的眼睛說：

「剛剛我說的，你可以接受，也可以不接受。不過，我還想讓你知道，如果你覺得大人難溝通、難相處，那麼，你可以選擇在自己長大之後，不要成為這樣的大人，不要讓你的孩子覺得，你也很難溝通。也就是，不要成為一個連你自己都不喜歡的大人。」

和自己的父母溝通，真的是最難的功課。不過，我們可以選擇超越上一代，成為有別於上一代的大人。這個過程其實不容易，但我們是有選擇的，別讓孩子回過頭來抱怨，我們是個難以溝通的大人！

反思與覺察

1. 你也覺得向上溝通很困難嗎？難溝通的原因是什麼？

2. 你曾經有過成功向上溝通的經驗嗎？你當時是怎麼做到的？用了什麼樣的溝通策略？

3. 當父母很堅持，不允許你去追尋夢想時，你會鍥而不捨，還是就此放棄？或者你有其他做法？

4. 為什麼要把父母「是否支持」和「是否愛你」這兩件事情分開呢？

鼓勵別人，不耍心機，也是功德一件！

文——陳怡嘉

我以前念書不得要領，成績總是倒數，真是孤單寂寞覺得冷，常常念了很久還是成績很差，恨不得一下就有突破，渴望別人來指點迷津。

但是，每當我拿著課本去詢問那些佼佼者時，得到的答案都不外乎是：「我也不知道怎麼讀」、「我其實也沒讀書」。每次聽到類似答案都讓我滿懷疑惑，也不知怎麼回應，因為下堂課，對方依然考滿分，我還是不及格。

那時我真的很沮喪，對人性很失望，也覺得可能是天資、家境有別。心想：「他可能比較聰明，上課聽聽就可以？」、「他可能有補習，所以不用那麼拚？」既不聽明又無法補習的我，心情更低落了。

但也不怪別人，因為放眼全班，大家都會說：「我沒念書」，下課也都瘋狂玩在一起。於是，「到底有沒有念書」是個無解的謎，成績的差距是很現實的分水嶺，那些說自己沒念書、下課都在玩的同學，依然保持領先。

這種學習風氣逐漸擴散，當大家都不說真話，下課讀書就變成很奇怪的事；久而久之，班風也越來越差。

那時我心想：「如果有一天，讀書有了成績，一定要當一個不耍心機的人；如果有人來請教我方法，也一定會真誠分享。」

進入北一女補校後，因為深怕再失敗，我更是督促自己名列前茅，進度超前。除了白天去圖書館，週末也從桃園通車來臺北讀書，把自己逼到極限。除了讀教科書，也花了很多時間研究讀書方法，在一次次錯誤中不斷檢討摸索，終於改正問題，成績開始進步。

那時，終於有人問我怎麼讀書？讀多久？可不可以跟我一起讀書？

每當有人問起這些問題時，我一定誠實以告：「我週末每天都至少讀十個小時，早上八點到晚上十點，扣除中間吃飯休息，幾乎都在念書。」；「我每科都寫四本參考書，會在週六就把下星期的考試提前準備好，週日就是加強弱科。」；「我八點就會到圖書館，歡迎一起來讀書。」

當我把這些心得據實以告，同學們聽完都會很震驚，在震驚之餘，也會開始行動，我看到同學開始努力，就更不敢鬆懈。並且因為先敞開了心防，同學也樂於分享讀書技巧，彼此「教學相長」之下，不僅功課都變好，還有了支持的力量。

那時，我們班的風氣又是如何呢？

當我影響了一個同學，這個同學會去影響其他同學，每個人都逐漸發揮了各自的影響力，到最後，班風越來越好，雖然是補校，但當年考上前三志願的人數卻刷新學校紀錄。

相反的，我也看過班風很差的班級。

大考當前，大家卻彷彿沒有明天似的瘋狂玩樂。成績好的同學深怕被別人追上，於是隱藏自己的野心假裝輕鬆，白天沒有好好運用，晚上只能熬夜苦讀，變成惡性循環。成績差的以為大家都已經放棄，就更理所當然的吵鬧不休。一群人來到學校都各懷鬼胎，老師想幫同學複習，也在屢勸不聽下宣告放棄。最後，原本應該是奮鬥基地的教室，卻成了最無法靜下心來的鬼域。

一個人走得快，但一群人走得遠。在最該努力的時間裡，我們都跟同學在一起，「班風」絕對無比重要！

在正向競爭的班級裡，即使想放棄都顯得格格不入，只要跟著大家一起走，最終都不會偏離目標太遠；相反的，在混亂失序的班級裡，即使以為自己是最清醒、最認真的那個，但不知不覺中其實已經落後很多。這就是「環境」的重要！想像每天跟籃球之神麥可・喬丹一起打球，或是和你程度差不多的鄰居打球，三年下來，絕對天差地遠！

每個人都有影響力，每個人來到這世界都有意義，不要忽視自己的影響力！在批評環境的同時，先嚴以律己，從自己的態度開始改進。

與其抱怨別人都在互耍心機，不如把環境變得共榮正向。我們不必登高一呼，企圖當神來喚醒眾人，因為未必所有人都能被熱血打動；但可以先從自己做起，先從鼓勵身邊的好友開始，散播影響力。

把眼界放遠，從我們開始，讓環境變強。這世界競爭對手何其多，真正要害怕的是那些不認識卻默默努力的人，我們的對手不在班上、公司，身旁的夥伴應該是共同奮鬥的班底！

唯有對手強，我們的強才會有意義！鼓勵別人，不耍心機，也是功德一件！

本文出自陳怡嘉《自律學習力：從思考到有效行動，從懂事到奮發向上！》

二〇二三，五南圖書出版

志恆老師的幸福練習室

你現在所處的團體，成員彼此之間會樂於分享、互相激勵，還是各懷鬼胎、處處提防呢？

環境對人的影響比我們想像中還要大，尤其是我們遇到的人，有可能是讓你一輩子感恩的貴人，也可能是使你痛不欲生的「惡鬼」。當然，我們都希望遇到貴人，那麼，你願意先當別人的貴人嗎？

陳怡嘉老師的這篇文章，讀來令我感觸良多。

小學所處的班級裡，也常常聽到功課好的同學說：「慘了，我昨天都沒讀書！」後來考試成績卻好得嚇人。

上了國中，我的成績突飛猛進，我大方坦承自己確實很用功，甚至鼓勵其他同學認真學習，不會的題目都可以一起討論。

大學的時候，一些不重要的選修課，不少同學會遲到，或坐在教室最後一排聊天、打瞌睡，我則是搶坐第一排搖滾區，每堂課都設法提出問題與老師討論；考試前向老師請益，並整理好重點筆記，再分享給其他同學。

對我而言，能與人分享我會的知識或技能，是相當開心的事情。

碩士班畢業後，我順利考上教師甄試，成為正式教師。我立刻無償向有心想當老師的人分享考試技巧，不管認識或不認識，我都願意分享。最後甚至把應試祕訣整理成書面資料，也成功幫助了不少人，順利成為正式老師。

後來，我離開教職，成了以接案、演講及寫作為生的自由工作者，逐漸累積了一些成就，有了不錯的口碑。如果有人來問我：「怎麼樣才能像你一樣呢？」只要我認為他夠有心，我總是毫不保留的分享自己一路走來的經驗。

有人問：「你不怕別人知道這些祕密後，會超越你嗎？」

說真的，我一點都不怕！只要你不把對方當成競爭對手，而是視為合作夥伴，當對方在你的協助下成長提升了，你便可以與他合作，也可以向他學習你的不足之處。因為，「強強聯手」往往能創造更多機會。

而你撒出去的善的種子，也會在其他地方發芽、茁壯、開花、結果，最後回到你身上，形成善的循環。就算沒有任何收穫，分享本身就能帶來快樂，根本不會造成任何損失呀！

反思與覺察

1.當團體中的每個人都在耍心機，你要如何繼續保持善念、樂於分享？

2.你是否曾擔心向他人分享自己會的知識技能，對方反倒超越你？這時，你會如何面對被贏過時的失落或沮喪呢？

3.本文作者要我們別忽視自己的影響力，你覺得你擁有什麼能力或資源，能夠去影響身旁的人呢？

4.你認同「處在夠強的環境中，人會變得更強」這句話嗎？會不會在更強的競爭環境中，反而被擊垮，因而喪失自信呢？

Chapter 3

迎接挑戰

看見自己不斷成長與進步，
比贏過別人或取得第一，
更加喜悅。

引言 Introduction

為什麼英雄電影永遠受到歡迎？

你知道，全球最賣座的電影是哪一部嗎？

我從維基百科中查到，是二〇〇九年的電影《阿凡達》。除此之外，史上最賣座電影的前十名，幾乎清一色都是英雄電影，包括《復仇者聯盟》、《原力覺醒》、《蜘蛛人》……等。

不管是真實還是虛擬，人們都愛看英雄電影。主角如九命怪貓般，一再絕處逢生，扳倒邪惡壞蛋的那一刻，實在大快人心。難怪，各種主題的英雄電影不斷推陳出新，歷久不衰，原因就是影迷百看不膩。

為什麼人們特別愛看英雄電影？因為，那令我們感到興奮！

當你盯著英雄主角與惡霸對決的時刻，你屏氣凝神、全神貫注，內心期待又緊張。這像不像你在面對艱難挑戰時，會出現的狀態呢？

也許，生活中我們挫敗累累，但在電影世界裡，我們卻一再獲得撫慰。回到日常生活裡，面對挑戰時，你也很需要這份興奮與期待，這些感覺會促使你採取行動、找到解方、克服困難。最終，你會體驗到成就感，即使接下來的挑戰更加嚴峻，你也會躍躍欲試。

在追求成就與財富的過程中，伴隨的就是期待、興奮與成就感，這些狀態也會帶來幸福。有些人把人生比喻成電玩中打怪的過程，眼前是一道又一道的關卡，你得擊敗各種妖魔鬼怪，每一次打怪成功，你身上的武器和裝備便能優化升級，同時，你得迎戰下一個更難的關卡。

差別是，電玩輸了可以重來，但人生可不是說要登出就能從頭來過。你得步步為營、小心策劃；你得掌握時機，運用自身優勢；你得清楚知道方向，在對的賽道裡贏過別人。

從小到大，我們不斷學習如何成功，在課業、人際關係、事業、金錢、愛情、家庭等領域上，追求更多成就。漸漸的，我們把功成名就當成人生目標。於是，除了愛看英雄電影外，我們也羨慕他人光鮮亮麗、精采美好的模樣，卻因此更感到自己的渺小與不足。

因此，在「迎接挑戰」這個主題中，我挑選的五篇文章，將不會教你如何變得更成功。而是從小處著手，學習如何建立微小而良好的習慣；學習面對與接受人生必然遭遇的失敗與困頓；學習看見自己已經擁有的而非一味羨慕他人；學習認清自己真正想要的是什麼，以及，釐清財富與幸福的關係。

明白了這些，你將不會在過關打怪時，迷失自己；也才能真正享受成就帶給你的幸福，而這也是可以練習的。

沒有做不到，只有想不到——從不運動到運動者

文——宋怡慧

我曾是一個能搭車絕不走路的人。可能是不喜歡走路帶來的身體溼黏感，汗水淋漓不只不能讓我覺得紓壓，反而讓我有些煩躁。直到有天身體微恙就診，醫生告訴我：「你看起來很瘦削，但是你的體脂偏高，如果再不運動，不久後，可能內臟脂肪數值也會過高，最後可能會連帶影響身體健康。」醫生的話猶如晴天一響雷的警訊，我開始觀察我的BMI值（身體質量指數）、基礎代謝率（BMR），從客觀數字來推論自己的「健康」真相。

或許，運動的初衷不是為了愛美，而是想要擁有健康的身體。如果我失去健

康，人生許多想做的事、要實踐的理想，可能都會變成泡影。

但是，我要怎麼和運動親近，和它成為朋友？

處於躊躇期，剛好遇到《原子習慣》上市，我對書中的「習慣四階段」模型——**提示**、**渴望**、**回應**、**獎賞**——四個步驟不只深感興趣，同時，也懷著好奇與探索的精神，想要從細微的改變看見習慣前後巨大的差異。誠如老子《道德經》所說：「慎終如始，則無敗事。」因此，我把目標放在健康，以運動當作改變的起點，透過系統化的方式來實踐。

順勢趁著運動習慣的建立，我也盤點了自己的人生清單，檢視自己最在意的是什麼。

健康是最大的財富。有人說過，健康是一，你的想望是零，零可以是享受生活、創造成功等等。零越多，人生的可能性越多；但是，沒有了一，所有的一切都將歸零。沒有健康的身體，我們的想望可能都化為泡影了。

循序漸進，建立「運動者」身分

想要得到健康，可以使用《原子習慣》的習慣系統。透過建立微小的慣常行為，互相堆疊激發效益，而效益又會彼此相乘，最終遠遠超過你的預期。就像《原子習慣》書中說的，造就成功的，是日常習慣，而不是千載難逢的轉變。

以我而言，運動就像是改變身分。當我進行認同的具體化行為，如每天都走路（跑步）鍛鍊身體，這代表我認同自己是運動者；當我每天重複不斷的運動，就強化了我是「運動者」的身分。透過習慣漸進式的演化，每天一點點的轉變，同時，在一個習慣與一個習慣之間，持續經歷自我的內外調整。

下表是從我認同運動者的身分開始，透過每日增加走路強度，最後達成每日萬步的經過。但是，初始不運動的我因無法

身分認同	過程	結果
運動者	每天走路上下班	每日走路超過萬步

立刻看到這個習慣改變的結果，發現要完成「每日萬步」真的很困難。因此，我運用《原子習慣》提到的策略，就是先設定目標，再依照五種難度的步驟來執行。

階段	強度	做法	花費時間
第一階段	非常容易	穿上舒服的鞋走路	一週
第二階段	容易	每天走路上班	一個月
第三階段	中等	每天走一萬步	三個月
第四階段	困難	每天走+跑一萬步	半年
第五階段	非常困難	每週至少夜跑兩次，每次至少三公里	一年

目標設定之後，我讓這件事變得簡單，不急著一定要按表操課，但我決心讓運動這個行為，每天都要出現在生活之中。運動的時間盡量綑綁喜歡的事，不讓自己聚

焦在運動，反而著重在喜歡的事情上，如聽音樂。我為大腦按下「重新整理」鍵，讓運動和聽音樂變成一個自動化的行為。例如出門前，我會先喝杯咖啡，進行短暫的冥想，至少，心情保持清空狀態，刺激我走路的時候能夠有愉悅的心情，讓走路上班變成一件快樂的事。

同時，認識大腦運作模式。大腦喜歡游移在專注和發散之間，走路上班和聽音樂，剛好能讓自己覺得放鬆，順便有種開機上班的儀式感，適切的切換家裡和工作場域不同的模式，讓大腦知道：當走路這個動作結束，就要進入上班模式。上班需要專注，可能情緒要比較緊繃，透過走路上班，連結到專注上班的提示，當大腦進入自動化之後，居家與工作模式的切換也就不容易錯置或打結。

當然，要每天走路上班，認同自己是運動者，並且相信自己可以改變，都得回到習慣四階段模型——提示、渴望、回應、獎賞——的練習。我的做法如下表格。

當我運用習慣計分卡的概念，下載計步器APP，彷彿提醒我要注意計步器的數字。我從數字的提示，覺察自己的運動習慣。看到每天累積的步數，我開始相信自己是可以輕鬆運動的人了。

還有，我很喜歡邊做事邊聽音樂，沉浸在音樂的氛圍裡，反而會讓我更加專注。因此，我利用誘惑綑綁策略，出門就打開手機下載的音樂，戴上耳機，邊走路邊聽音樂，音樂播完，我應該也就走到學校了。

偶爾，在偷懶之心興起時，我會邀請住在附近的同事一起走路上、下班。對一個從不運動的人來說，我必須先讓動起來這件事變簡單。所以剛開始，我會先搭幾站公車，讓走路上班變得簡單，縮短走路距離，減少心裡的排斥感；接著慢慢讓搭乘站數變少，最後，終於可以不再搭公車。而當我對走路上班不感到吃力的時候，再加入夜跑的習慣，讓運動變得和呼吸一樣自然，跑步這個行為開始變得不會太困難。

最後，我會記錄每日的運動量，看著數字不斷攀升，彷

提示	渴望	回應	獎賞
運用習慣計分卡的概念	利用誘惑綑綁策略	最小努力原則	達標的有形或無形獎勵

佛也是在鼓舞自己的達標行為。同時，我發現自己的腿部出現肌肉，有了漂亮的線條，這種身體曲線的改變，彷彿是對健康身體的實質獎勵。初始，我也會用迴紋針作為獎賞機制，每累積一個迴紋針，就投入五十元硬幣，日積月累之後，就能買一件喜歡的東西，犒賞自己。

找到可以一起設定目標的同溫層

當運動變成日常，走路和跑步產生和閱讀一樣重要的價值——閱讀是陶冶內在心靈，運動是送給自己健康身體的禮物。後來，也因為閱讀和運動，我找到能一起設定共同目標的同溫層。即使在疫情期間，實體讀書會被迫停止，我們轉為線上讀書會，依舊維持讀書共學的習慣，透過社交平臺維持一個閱讀的人際連結，保有善良正直、單純友愛的信念。閱讀習慣讓我們能適時透過書中的新知，相互問暖與回饋，讓善意流轉於疫情時代。同時，因為無法到戶外運動，我們利用做家事勞動筋骨，以走路作為防疫，同時也節能減碳。這些行為的改變都是因為身分的認同，即使遇到疫情無法見面，彼此的關係反而更加親密，建立目標身分的同溫層。

此外，運動習慣也帶動了作息正常化，能夠好好睡覺的正向回饋。白日的運動量足夠，身體容易放鬆，晚上就能得到較佳的睡眠品質；而睡眠充足，間接的也提升工作的效能，且有助於人際互動、情緒穩定。

最近還發生一件有趣的事：我和同事約好要到附近的土地公廟祈福，以前我一定會搶著要搭便車，因此，當不了解現況的同事熱情邀約我共乘時，沒想到我竟然說：「謝謝你，但我喜歡走路，不只能累積今天的步數，也能保持身體健康，還可以節能減碳喔！」說完這句話，同事驚愕的表情卻也讓我恍然大悟：原來，我已經從建立運動習慣、達成什麼目標，進步到運動者的身分認同了。

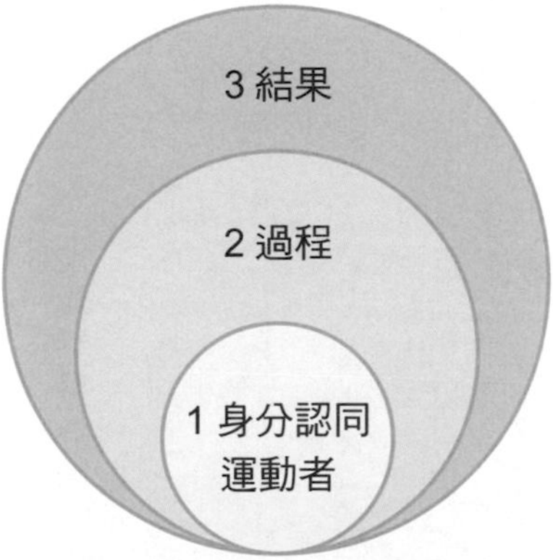

行為改變的三個層次

果真，每天進步百分之一，一年後你會進步三十七倍。你得到的可能不是複利效應的表面成果，而是對人生價值的確定與自我實現。

本文出自宋怡慧《怡慧老師的原子習慣實踐之旅》

二〇二三，方智出版社

志恆老師的幸福練習室

《原子習慣》一書近幾年常高居國內中文暢銷書榜首，顯見這本書持續深受讀者歡迎，原因有二：第一，內容易懂、實用、有道理；第二，真的有效果。

本篇文章的作者宋怡慧老師就是受惠者。她不只用「原子習慣」建立起運動習慣，還在生活中其他地方實踐。我相信你也想像她一樣，開始建立新的好習慣，除了運動，還有閱讀、儲蓄、社交、收拾、早睡早起、戒拖延、學習新技能……等。

然而，知道是一回事，做到又是另一回事，從知道到做到，實在很遙遠！

「原子習慣」不只教你累積微小的進步，其中一個關鍵，就是建立新的身分認同。也就是說，如果你想存錢，你可以想像自己就是一個「省錢達人」，名片上印著「省錢達人」這個頭銜。

新的身分認同會促使你去做出符合這個身分的行為，否則人就會陷入「認知失調」，而感到焦慮、彆扭；而當你越節省，就越會認同「省錢達人」這個身分。

每個微小行為的累積都需要刻意而為，但我們常被生活中的瑣事纏身，而「忘記」去執行那些新行為。像是有一陣子我覺得自己小腹微凸，身材逐漸走樣，看著鏡中的自己，越來越感嫌棄，於是我下定決心開始鍛鍊身體。

我上網找到一個最簡單的方法，就是每天練習一次平板支撐，鍛鍊核心肌群。一開始，我挺認真的，每天找到時間就練習，從三十秒開始慢慢延長時間。兩個星期過後，便開始怠惰，久了就不再繼續做了。

我反省自己怎麼沒能持續下去？不是我不夠堅持，而是我常常事情一多就忘記，當想起來時，人已經躺在床上準備入睡了。怎麼辦呢？這時候，我就需要善用「原子習慣」中的「提示」，在環境中設定一個能提醒我練習平板支撐的線索。

每天早上起床，我習慣喝一杯溫開水。於是，我就把每天練習平板支撐的時間，設定在喝溫開水後。也就是說，喝溫開水成了我的環境提示，這樣一來，我就不可能會忘記練習平板支撐。

這就是《原子習慣》書中,「讓提示顯而易見」的法則。除此之外,還有「讓習慣有吸引力」、「讓行動輕而易舉」和「讓獎賞令人滿足」等法則,綜合運用就能逐漸培養起新的習慣。

反過來,如果要戒除壞習慣,則需要運用「讓提示隱而不顯」、「讓習慣毫無吸引力」、「讓行動困難無比」、「讓後果令人不滿」等法則;只要每天改變一點點,日積月累便會相當可觀。

反思與覺察

1. 現在的生活中,你希望改變什麼?有什麼很想建立的新習慣?或很想戒除的壞習慣嗎?

2. 你曾有過建立新習慣,卻半途而廢的經驗嗎?如果用《原子習慣》的四個法則來檢視，你覺得問題出在哪裡？

3.你若想成為某種人，就得開始做那種人會做的事情。例如，你若想成為人緣好的人，你就需表現出受歡迎的人平常的行為舉止。你認同這種觀點嗎？為什麼？

4.如果你正在練習一項新技能，但過了好久都沒看到成效或進步，你會怎麼辦？放棄或繼續堅持？或者有其他做法？

為什麼別人總是那麼厲害又活得精采？

文——王雅涵

你有網路成癮嗎？一天會花多少時間在社群媒體上呢？我要先大大方方承認，我有，我根本就是秒回王，有事沒事就在滑手機。我清楚這很沒意義，也並不覺得自己是想獲取什麼資訊，就只是不喜歡看到紅色未讀的提醒，很想把它按掉。認真算下來，我真的耗費超多時間在上面，朋友甚至笑我不是在睡覺就是在滑社群媒體。儘管如此，我依然可以去很多單位分享網路成癮的議題，畢竟，接納自己是很重要的一步嘛（笑）。至少，我該做的事情都有做，只可惜還不是時間管理大師，無法有更厲害的產出。

你今天FOMO了嗎？

厭世代裡，同樣有非常多人沉迷在社群網站中。一部分可能跟我一樣，因為無聊和小小焦慮（面對困難的工作，想藉滑手機拖延一下）；也有一部分，是害怕錯過了什麼訊息、害怕被遺忘。他們一方面擔心自己沒在社群上分享有趣的限時動態，就會和人斷了連結；一方面也害怕自己沒注意到別人分享什麼，會錯過或沒參與到什麼重要時刻。心理學家稱這種現象為「錯失恐懼症」（Fear of missing out，簡稱FOMO）。從大型聚會到對話細節，甚至是限時動態，簡單來說就是我全都要知道，以致被大量訊息淹沒，失去了自己的時間，焦慮與害怕的指數一直居高不下。

以下整理一些可能和FOMO有關係的言行，來自我對自己和一些年輕朋友的觀察，提供給你檢視自己的狀態：

□看到別人的生活比我精采，我會很焦慮。

□朋友們聚集玩樂卻沒有邀請我，我會很害怕和生氣。
□當發現有人封鎖或者沒有追蹤我，我會不知所措。
□我很想知道朋友們都在做些什麼，並透過各種方法取得資訊。
□我很想跟上大家的話題與潮流。
□每天花很多時間看大家在社群媒體上的發文。
□如果不能和大家約會，我會很懊惱。
□我很喜歡發限時動態，還會去看有誰看了我的限時動態。
□無論上班（上課）或休假，我都會注意朋友們的社群動態。
□如果沒有手機，或手機沒有網路、沒有電，我就會想趕快回家。
□我會看很多的社群媒體來做決策，像是股票交易。

當你的每一個決定都受到朋友、環境、社群媒體的影響，你就不全然是你，你已經把自己的控制權交出去了。其實這種焦慮，本質來自於我們對自己有許多的不相信，也沒有學習怎麼好好照顧自己，才會讓我們在這個資訊流通快速便捷的網路時代中，無法感受到自己的價值與安全感。

特別是近年來，投資成為熱門的社群話題，你的情緒可能隨著某位分析師的貼文和相關討論開始起舞，害怕自己沒有跟上這波漲勢，或者沒來得及獲利了結，成了被收割的韭菜。只能說現代人成也網路、敗也網路，FOMO就這樣成了每個人都必須面對的問題。

比較來的，不是你的

事業成功、家庭美滿，是大家都期望的事情。既然大家都在追求，那不免俗的就會有個模範出現，大至明星周杰倫、富商郭台銘，小至你的好閨密或親戚家的小孩。如果你剛好在這條主流的路上，三十歲左右新婚小夫妻，工作領兩個半月的年終獎金，時常帶著家人吃大餐打卡，過年期間總是出國度假，完全符合令人羨慕的生活，雖然你其實依然覺得薪水不夠花，但在很多單身族的眼裡，就夠令人羨慕了。

不知道你有沒有發現，很多時候，我們在追求的東西都來自於比較。我們想有個符合社會期待的「正確」人生，看起來才會很成功、很幸福，能夠證明自己的價值。但比較是永遠比不完的，總有人比我們好，久而久之，我們只顧著去追逐別人擁有的，而忘了自己真心想要的。

請試著停下比較的想法，先探索看看自己真正想要的是什麼吧！**當你抓住了自己真心看重的東西時，再怎麼比較，也不會讓你覺得不足**。你會發現，我很好、你很好、大家都好，這樣就夠了。足夠的安全感，讓我們更有能力去追求，不是追求大家覺得對的、好的，而是追求你所探索出來的美好。

如果你發現自己真的滿愛比較，向上比會感受到自己的不足，向下比又害怕被人追上，那麼你可以試著做幾件事：

□把自己比較的對象寫出來。

□將這些對象分門別類（例如明星、前輩、有錢人、有家庭的人、有自信的人、熟悉的人、網路世界的人……）。

□寫下對這些人的羨慕、嫉妒、恨，從中找出你是否在害怕什麼？

□如果可以擷取他們身上的一些東西，你想要的是什麼（像是粉專人數、外貌姣好、受歡迎、冠軍獎杯……）？

□想想他們可能有哪些不為人知的一面跟辛苦。

□把那些你想要的東西設為目標，並想想可能會經歷哪些痛苦與艱辛。

□回頭看看自己的過往故事，當我們羨慕著別人時，自身是否也曾經歷過他人不知道的艱辛，有著被他人羨慕的部分？

□給自己一些時間活出自己的美好，因著愛而行動，而非因恐懼而行動。

每個人都有值得學習的部分，每個人的生命故事也都有不同的影響力。因為人的獨特性，讓我們對世界有了不同的眼光，與其為了嫉妒而停下腳步生悶氣，不如大方承認自己的羨慕，跟著邁開腳步去成長。用自己的生命故事，去成為有影響力的人，就算現在的你可能覺得自己好像還不夠格，但當你越給予，你越會發現到自己的力量。

成也網路，敗也網路

幾年前，美國的網路上流行起一首作者不明的小詩〈每個人都有自己的時區〉，我覺得對於比較心態和 FOMO 問題來說，是很好的回應。摘譯如下與大家分享：

紐約時間比加州時間早了三個小時，
但這並沒有讓加州時間變得比較慢。
有人二十二歲大學畢業，等了五年才找到好工作！
有人二十五歲當上 CEO，五十歲就去世了。

也有人五十歲才當上CEO，一路活到九十歲。
有人還正單身，也有人已經結婚。
歐巴馬五十五歲卸任退休，川普七十歲才剛上任。
世上每個人本就在自己的時區裡過活。
身邊有些人好像走在你的前面，有些似乎走在你的後面。
但每個人都只是跑在自己的賽道上，在屬於他們自己的時間裡。
不用嫉妒他們或嘲笑他們。
他們都在自己的時區之中，你也一樣！
人生的學問就在於等待正確的行動時機。
所以，放輕鬆吧。
你沒有落後，你沒有領先。
在命運為你安排的時區裡，一切都會準時。

說起來，我真的很享受有網路的世界。它讓我們可以快速更新各樣資訊，學習到很多新東西，讓教育變得更有趣，甚至還可以是賺錢的工具。先前滑FB看到一篇文章，標題寫著「二十大臺灣人氣心理師」，我就想點進去看一看，沒想到看到自己的名字和照片，嚇一跳的同時也覺得很不可思議，哇，原來我是個可以被叫出名字的人呀！以前讀書時期對心理師的印象，總覺得要保持點神祕感，到了真實環境才發現，你需要讓人們知道你，才會有工作找上門，自我行銷和經營越來越重要了。我並沒有很努力經營自己的粉專，通常是想分享什麼就分享什麼，意外成了有點網紅型的心理師，甚至接到了一些業配。我常和朋友開玩笑，原來不是只有美女網紅可以接業配，胖胖心理師也可以！但不得不說，粉絲的按讚和觸及，多少會對我的心理帶來影響，有時候也會看到別的心理師那麼棒，而對自己的生涯感到些許焦慮。

網路就是這樣，帶來了那麼多好處與便利，同時也默默帶來了各種問題。特別在孩子青少年階段，父母們但凡看到談網路成癮的書和講座，都急著想了解，想幫孩子「脫離苦海」（雖然很多時候大人自己也樂在其中）。也許是因為，親子關係中要解決的問題太多、太抽象，網路議題只是最容易被看見的代罪羔羊，家長們紛紛把各種問題怪罪於孩子使用網路，逃避面對真正的問題。正如同孩子為了逃避現實生活中的困難，進到網路世界尋找連結和愛。只是網路世界仍潛藏其他危險，霸凌、比較、言語攻擊等問題一樣會發生。

有時候我還是會回想，以前沒有網路的時候我在幹麼？國小時，下課寫完功課就跟同學去公園騎腳踏車；跟朋友出去玩會一起看星空聊天，我們會動手製作很多有趣的小玩具，或是玩雜貨店賣的小遊戲，其實滿輕鬆愜意的。

自從我讀研究所開始，有了第一支智慧型手機後，生活習慣就發生了大轉變。我不再寫小紙條給同學，不再寄送 E-mail 分享有趣的文章，不再因字數與費用問題而用心編輯簡訊……漸漸的，我也很少抬起頭來看這個世界了。

網路真的沒有不好，但沒有網路的生活也可以很好，若你從未經歷過沒有 3C 用品的年代，也許你可以刻意給自己一段不一樣的體驗。你會多了很多和自己相處的時間與空間；你會發現世界沒有你不會完蛋，你沒有這麼容易消失在人們的心中；你會發現肩上的重擔變輕了，你會看見平常沒看見的東西。也許，你也有機會發現自己新的一面。

本文出自王雅涵《給我一點耍廢的勇氣：你的存在，永遠值得被愛！翻轉厭世負能量，休息也是一件有意義的事》二〇二三，方舟文化

志恆老師的幸福練習室

這篇文章談的是「比較心態」。特別是在網路時代，人們更容易因為社群媒體上的訊息而心生比較，接著出現羨慕、嫉妒、恐懼、焦慮、怨恨、自責或懊惱等情緒。

你知道不斷瀏覽這些訊息，只會讓你感到更焦慮，但就是停不下來，擔心錯失任何一則好友的動態，這就是文中提到的錯失恐懼症（FOMO）。既然作者王雅涵心理師都大方承認自己有這樣的問題，那我也老實說，我多少也被FOMO所困，我也會羨慕別人的生活精采充實，好想和別人一樣厲害優秀。

有時候在社群媒體上看到好友去著名景點遊玩、吃了哪些美食、看演唱會、參加跨年晚會或時下當紅的活動，我就會感到有些失落，因為我似乎跟不上流行。

三十歲過後，事業心漸強，會引發我焦慮的，已經不再是錯失某些娛樂生活，而是錯失了不斷進修學習的機會。往往在臉書上看到有人分享自己假日去進修了某些課程，收穫滿載，令我羨慕不已，好渴望自己也能去充電。

我也羨慕同儕陸陸續續拿到博士學位，因為年輕時，我也曾打算攻讀博士，後來卻因為一些考量而作罷。直到現在，也許念頭沒那麼強了，但看到別人能夠達到此番成就，仍不免羨慕。

正因為網路及社群平臺，讓我們有太多機會去跟別人比較，也常常感到自己的不足。明明知道自己的時間和體力有限，不可能什麼都要，但仍然無法停止比較。

直到有一次，我太太看我邊瀏覽社群媒體，邊顯露出焦慮的神情時，她說：「你羨慕別人，也許別人更羨慕你呢！」

我突然意識到，我也可能是為他人製造焦慮的來源！

換句話說，我其實很不錯，我需要的是更多自我肯定，而不是在虛擬世界中不斷證明自己沒有輸給別人。

從那天起，我雖然仍會羨慕別人，但已不再為他人的成就或表現感到焦慮。我會回頭檢視自己擁有些什麼、做到了什麼，看見自己一直以來努力累積的成果。並且回到初心，問問自己：「現階段的人生中，我最重視的是什麼？」

我很清楚，就是家庭、健康和平穩的身心狀態。釐清過後，我就不再需要去羨慕別人，因為我知道，那不是我要的。別人的生活過得很精采，我寄予祝福；而我也可以在自己重視的事物上，活得很充實。

反思與覺察

1. 你也有錯失恐懼症（FOMO）嗎？你會不斷瀏覽社群媒體，害怕遺漏任何訊息或好友動態嗎？這對你的生活帶來什麼影響？

2. 每當瀏覽社群媒體時，看到哪些訊息會最令你感到羨慕？甚至引發嫉妒、焦慮或恐懼等心情？

3. 俗話說：「人比人，氣死人。」你會怎麼做，以避免不斷與他人比較呢？

4.古人云：「見賢思齊，見不賢而內自省。」如果不多多觀摩他人的優秀表現，學習他人的才華，好像顯得自己不夠積極上進；但過度比較卻又會帶來壓力。你認為該如何拿捏呢？

沒有永遠的贏家，輸了也可以是成功者

文——陳志恆

演講結束後，有個年輕的身影走向講臺找我，「老師，可以請教你一個問題嗎？」我本來在收東西，抬起頭一看，是個年輕女孩。我有些訝異，這場演講是親職教育，主要對象是家長，通常是對孩子的狀況感到煩惱的家長，才會來問問題。

女孩開口：「有什麼辦法能夠讓我的功課更進步？我想變得更強！」

這個問題很直接，既然是課業學習上的煩惱，我可以提供她一些有效學習的書單，幫助她改善自己的學習方法。但我對她有更多好奇，便接著問：「是什麼原因讓你想要變強？」

「我覺得我不夠好！」她看著我，說得很篤定：「我的成績在班上大約前五名，大家都說我的功課很好，但我就是覺得不夠好，因為沒有考進班上前三名呀！」

我接著問：「如果你考到了前三名，你會感到滿意嗎？」

女孩搖搖頭，說：「可能還不夠吧！我會希望我是全班第一名。」

輸了不甘心，不喜歡落後的感覺

原來，這位正值高一的女同學，在國中以前幾乎每次考試都是全班第一名，甚至還得過校排第一。升上高中，來到更強的競爭環境，她的成績依然名列前茅，但已經不像過去獨占鰲頭那般風光了。

「當你沒能考第一時，你的感覺是什麼？」我停了一下，問：「會感到沮喪、難過、自責、生氣、丟臉或失落嗎？」

「我不知道，我就是很不甘心，我不喜歡輸給別人的感覺。」

「你的意思是，沒考到全班第一，就是輸了，是嗎？」

她點點頭，眼眶開始泛淚。

我又問：「你不允許自己輸給別人嗎？輸了會怎麼樣呢？」

她說，輸了代表她很糟糕。

我笑著說：「可是，你的成績還贏過大多數同學呢！」

「不行！我就是不能輸，我很討厭輸的感覺。」

這彷彿連續劇或電影裡的臺詞，竟活生生出現在我面前，由一位高中生的口中說出來。

我知道，「勝敗乃兵家常事」或「人生不如意事十常八九」等名言金句，是無法安慰她的。她無法接受自己是個輸家，輸給別人對她而言，等同於「失敗者」或「糟糕的人」。

我想起我那五歲大的女兒，玩遊戲時總是想要贏，如果輸了就會發脾氣，大聲說：「不算、不算！」或者大哭、跺腳。年幼的孩子常輸不起，我們只好讓著她。

然而，現實世界並非如此。在高度競爭之下，沒有人會故意讓你；輸不起就鬧脾氣，只會惹人厭。於是，這個高中女生只能去想，如何更努力的贏過別人，好證明自己不是個失敗者。

贏過所有的人，不會讓你比較快樂

「我不打算告訴你，怎麼讀書學習才會更進步。」女孩有些訝異的盯著我。我繼續說：「我想邀請你思考一下，會不會其實輸了也是贏呢？」

什麼意思？**真正的成功者，除了追求贏過別人，也會懂得接受失敗，允許自己可以輸給別人**。有時候，贏過別人不難，但要接受自己可能會輸，更不容易。尤其是，當你已經習慣自己就是個贏家時。

「可是，接受自己會輸，這樣的心態，和擺爛、放棄有什麼不同？」女孩不以為然的說。我解釋，當然不同！後者是直接放棄，不願意再努力了；前者是願意接受自己失敗的事實，仍對自己保有期待，願意繼續努力獲得好結果。

「何況，同樣是失敗，有的人懂得從失敗中學習，有的人就只是失敗了。」

「所以我現在來問你如何變強，就是想從失敗中學習呀！」女孩順著我的話說。

「你說得沒錯，這件事你一直在做，你的努力遠遠超過其他人。然而，我希望你從失敗中學習到的，是另一件事。」

「另一件事？」女孩面露驚訝。

我停頓了一下，繼續說：「我希望你從失敗中學到的，是你不可能贏過所有的人，而且贏過所有的人，也不會讓你比較快樂。」

「可是考第一名會讓我很開心呀！」

「我明白，但那樣的開心只有一陣子。接下來，你得為了保住第一名寶座而開始煩惱，過著戰戰兢兢、患得患失的生活，不是嗎？」

「是呀！」女孩點點頭：「這一直讓我感到壓力很大。」我的腦袋裡浮現好幾個曾經接觸過的孩子臉孔，他們為了追求優異的成績表現，差點把自己給逼瘋，但我沒有說出口。

欣賞那個努力不懈的自己

試想一個情境，如果你是這一期樂透彩頭獎的得主，你知道自己即將獲得鉅額獎金，欣喜若狂。第二天你卻發現，手上的彩券是過期的，誤會一場，你一毛錢都拿不到。這時候，你的心情會如何？

很多人被問到這個假設性的問題時，都會說他們寧可當初不知道自己中樂透。沒有期望，就沒有失望。對於同樣價值的事物，比起獲得時所帶來的喜悅，人們更難以忍受失去所帶來的痛苦。

因此，大多數人都會想辦法讓自己免於失去，這個傾向稱為「迴避損失」（Loss aversion）。許多成績優異的學生，或者事業有成的大人，常得辛苦的保住自己在前段班的地位，他們恐懼自己一旦跌落神壇，就是世界末日了。

同時，為了避免失敗帶來的痛苦，我們很可能會畫地自限，只打有把握的仗，而不願意去挑戰超出自己能力範圍的任務。如果預期自己有可能輸，就不願意去嘗試。因為，確保不會輸掉比賽的唯一方式，就是不要參賽。

「我有些明白了。可是，我還是很厭惡輸給別人的感覺，該如何接受失敗呢？」

「試著去欣賞那個輸給別人或者失敗的自己！也就是在心裡告訴自己：即使我的成績表現不夠理想，但同時，我也看見我一直很努力，投入很多心思在課業學習上，我願意欣賞這樣的自己。你願意欣賞如此努力不懈的自己嗎？」我問。

「嗯！願意，我是真的很努力。」女孩點點頭，露出了微笑，我想此刻她是真的明白了。

跳脫輸贏，在自己擅長的領域發光發熱

沒有永遠的贏家，也沒有永遠的輸家。在課業學習上成績優異，只不過代表你在現階段的表現比別人更好，或者更會考試；離開了校園，可能又是不同風景。

如果總是想贏，而不願意認輸，即使你贏過所有的人，也不會比較快樂。

如果你希望保有長久的喜悅，你遲早需要跳脫你輸我贏的競爭戰局；轉而在自己喜歡且有熱情的領域，毫無保留的用力發揮。只要能超越現在的自己，就是進步，也算是一種成功。

將目光放回自己身上，看見自己已經擁有的部分，留意自己的努力、付出、堅持與良善特質，願意欣賞及肯定自己。如此，你不但不會被失敗擊垮，反而會更有韌性的繼續往前行。

志恆老師的幸福練習室

在我高中時期，也遇到如同文中這位女學生的困境。國中時課業表現永遠第一，走進第一志願的校園中，才知道自己的斤兩有多重。即使再怎麼努力，成績保持在前段，要拚到第一也是很難。

因此，當時我學習到一件事，就是要懂得認輸。在如此高強度競爭的環境裡，人外有人，天外有天，若你總想拔得頭籌，只會苦了自己。

當時我常想，如果選擇留在家裡附近的社區高中讀書，我會不會過得比較開心？也就是到底要當大池中的小魚，還是要當小池中的大魚？老實說，這沒有標準答案。每種選擇，都有需要承擔的後果，也都可能從中獲益。

然而，我們依然沒跳脫與他人競爭的輸贏心態。不是說競爭不重要，完全不必在乎輸贏；而是若人生只有勝負，只想著如何贏過別人，你可能會因此失去更多。

跳脫與他人競爭，我們更該成為一個擁有「成長型思維」（Growth Mindset）的人，這是由史丹佛大學教授卡羅・杜維克（Carol Dweck）提出的教育心理理論。她說，成長型思維者在面對艱難的任務時，相信透過努力或行動，能提升自己的能力、改變現況；因此，他們通常比較願意接受挑戰，比較能忍受挫敗，也不會輕言放棄。

相對的，抱持著「固定型思維」（Fixed Mindset）的人，因為相信聰明才智是天生的，再怎麼努力也無法改變結局，如果挑戰難度超出自己的能力範圍，他們就不願意再投入心力了。同時，他們也會努力避免失敗，免得讓人覺得自己不夠聰明。

我相信，相較於固定型思維者，成長型思維者更關注自己的成長。對他們而言，輸贏不是最重要的，他們更在乎自己是否因為足夠努力，而有所學習與進步。

換句話說，看見自己不斷成長與進步，會比贏過別人或取得第一，還要來得喜悅。離開校園之後，到了職場或任何環境，成長型思維者都會適應得更好。也許他們不是表現最突出的，但他們擁有一定程度的續航力，更能堅持，也更能容忍失敗，也會有較佳的心理健康狀況。

反思與覺察

1.你是否總想著處處爭第一？如果在課業表現上贏不了別人，你可以在哪個領域成為佼佼者呢？

2.多數人都不喜歡「輸」的感覺，但有贏就有輸。你覺得為什麼「輸」會令人如此厭惡？

3.如果你的身旁就有非要爭第一不可的人，當他沒能成為最傑出的那一個，因此感到失望挫敗時，你會如何安慰他呢？

4.一直以來，你對於自己想追求的目標，做了哪些努力？付出了哪些心力？你願意欣賞自己的付出與努力嗎？

你要的是什麼？從「問題狀態」到「目標狀態」

文——陳志恆

大學時，我上課的系館就在校門口。下午課程結束後，同學們會相偕一起走出校門去吃晚餐。就這樣，邊走邊聊到了校門口，突然有人問：「今天我們要吃什麼？」

眾人停下腳步：「對，先討論一下要吃什麼吧！」

「我都可以，你們決定就好！」

「我也是，我沒意見！」

「都好呀！你們吃什麼，我就吃什麼。」

每個人都顯得很隨和，有人提議：「我們去吃水餃好嗎？」這時有人說：「可是我中午才吃過水餃，換吃別的啦！」又有提議：「那麼，去吃小火鍋如何？」有人反駁：「不要啦！我想省一點，小火鍋有點貴！」第三個人提議：「不然去吃自助餐如何？」這時又出現反對的聲音：「我最討厭自助餐了，每道菜的味道都差不多，早吃膩了！」

就這樣，一有人提議就被否決；有人說出想法卻被反對；討論了半天，無法達成共識，最後還是各吃各的吧！可是一開始，大家不是說「都可以」、「沒意見」嗎？

知道自己不要什麼，卻不知道自己要什麼

由此可知，我們往往知道自己「不要什麼」，卻不知道自己究竟「想要什麼」。也就是說，我們常常處在「問題狀態」中找解方，卻根本不知道自己內心明確的期待，當一個人沒有認真思索「目標狀態」時，就容易持續卡在困境中。

在心理諮商中，心理師常會反覆詢問案主一個問題：「你要的是什麼？」

這個問題很重要，卻也不好回答。當人們身處困境，對自己的現狀有諸多不滿時，總能夠輕易的說出各種抱怨。此刻，人們只想著擺脫這些「我不要」，便沒有多餘的心力去思考我要的是什麼。

如果你的思考焦點能從「我不要……」轉變成「我要……」，也就是**從「問題狀態」轉換到「目標狀態」，你便有機會打破僵局，突破困境，至少看見更多可能性。**

你希望情況有什麼不同？

有一次，在一場教師研習中，有位老師問我，他的學生有慣性說謊的毛病，該怎麼辦？

原來，他口中的那位學生，經常性的掩飾或隱瞞，直到被拆穿了才肯承認。像是每次檢查作業時，這位學生明明沒寫作業，卻不會主動承認；當老師詢問，他便隨口說：「有寫但忘了帶！」直到老師要他自己把書包打開，才發現作業其實有帶來，但根本沒寫完。

類似狀況發生了很多次。聽完老師的描述後我問：「你希望情況有什麼不同？」

「我想知道，這孩子為什麼老是不誠實，非得隱瞞才行？」

「如果明白了孩子不誠實的原因，對你的幫助是什麼呢？」

他陷入沉思，沒有回答。我說：「我可以很快的告訴你，這孩子會選擇隱瞞，而非坦承，是擔心被責罵。因為，過去的經驗告訴他，不管表現好壞，都會被指責，得不到肯定，所以凡事先隱瞞再說。」

我想強調的，是行為背後總是有著「正向意圖」，這個學生說謊行為背後的正向意圖，其實是想保護自己免受責備。

我繼續說：「問題是，當你明白他說謊的原因了，然後呢？你就滿足了嗎？」我進一步問：「這是你真正想要的嗎？」

這位老師似乎理解了我的問題，點點頭，又思考了一下：「我希望他可以不要再說謊！」

目標狀態的描述，需要正向、具體、合理且客觀

我又問：「如果這孩子不再說謊，那麼，你會看到什麼？」會這麼問，是因為「不說謊」是負面陳述；具體而言，不說謊時，會看到孩子表現出什麼行為呢？

「我希望他能夠誠實！」這位老師回答。

我繼續引導他把思考焦點帶回檢查作業的情境中，再問一次：「你希望孩子有什麼改變？」

他說：「我希望當他作業沒寫時，可以自己主動承認，而不是被拆穿才承認。」

「如果他能做到這樣，是你暫時可以接受的嗎？」我再度確認，這位老師點點頭。現在我們討論的內容，已經從「問題狀態」，轉變成「目標狀態」了。

目標狀態的描述，要正向、具體、合理，而且可被觀察到。如果是「我希望他能誠實一點」這樣的描述，就過於空泛，難以客觀衡量。一旦目標狀態被清楚描述出來，你會驚訝的發現，事實上，目標狀態曾發生過，你只需要把它辨識出來即可。

從目標狀態發生的時刻，探索改善問題的資源

我繼續引導這位老師：「每一次檢查作業時，這個孩子都是隱瞞、不誠實的嗎？」

「也沒有每次啦！但很常就是了。」

「所以，他也有『主動承認』沒寫作業的時候吧！」他點點頭。

我又問：「這時你會怎麼做呢？」

「我好像沒做什麼……」

如果這個時候沒有回應些什麼，就太可惜了！孩子做出「主動承認」的行為，也就是「目標狀態」出現了，老師可以趕緊肯定孩子：「我看到你這次雖然沒寫作業，但是當老師問起的時候，你主動承認，沒有隱瞞，我很喜歡你今天誠實的表現，真的很棒喔！」

接著，可以帶著好奇探問：「是什麼讓你願意做到坦承呢？」、「你不擔心被老師罵嗎？」、「你如何克服內心的恐懼呢？」

這些問題，都是在探索孩子的資源，同時，讓孩子感受到，誠實的行為不會被責備，反而會受到讚許。下次如果孩子又沒寫作業，或者犯錯了，便能勇於承認，為自己的行為負責。

也因為「目標狀態」被辨識出來了，這個學生也會知道，自己是有能力做到誠實、不隱瞞的。

處在目標狀態中，才有可能想到更多方法

回到我們自己身上，如果你對現狀不滿，亟欲跳脫困境，也可以時常問自己：「我想要的是什麼？」並進一步自我探索：「當我想要的狀態發生時，我會看到、聽到、感覺到什麼？」如此，你的目標狀態會更加清晰，你會更知道努力的方向。

接下來你可以問自己，在日常生活中，是否曾出現目標狀態過？如果出現過，你當時是怎麼做到的呢？

然後你便能從自己身上，找到解決問題的資源。舉個例子，每當我寫作卡關，而感到焦躁無力時，我會很想擺脫這份無力感，卻怎麼也做不到，反倒更加自責、懊惱，且依然寫不出任何句子。

而當我問自己：「此刻我想要的是什麼？」很快的，我內心會浮現一個念頭：「我想要寫作時行雲流水，靈感源源不絕。」我的目標狀態出現了，將目標再描述得更具體一點：「我會快速的敲打鍵盤，將腦中不斷出現的想法轉化為文字。」

那麼，我曾經出現過類似狀態嗎？當然有。當時是怎麼做到的？經過一番自我探索，我歸納出三個讓自己靈感湧現的途徑：

1.在早晨時寫作；2.運動過後寫作；3.閱讀相關書籍。

就這樣，我從靈感枯竭的狀態中脫困了，我只要複製自己曾經成功進入目標狀態時的方法即可。然而，若我始終處在問題狀態中，只會自怨自艾，根本不會想到這些方法，也無法解決當前的困境。

事實上，人們時時刻刻都在面對各種問題，你是經常處在問題狀態中，還是總能立刻切換頻道，進入目標狀態裡？

雖然知道自己想要什麼，不一定就能成真，但至少你的努力有了方向，你知道該如何行動，踏出關鍵的第一步。而非像無頭蒼蠅般，窮擔心、瞎努力，卻一點改變也沒有。

志恆老師的幸福練習室

在「問題狀態」中，人們看到的是困境；在「目標狀態」中，人們看到的是解方。因此，每進入一個新的階段，我們常會為自己設定新的目標。例如新年新希望、進入大學的新目標、新學期的展望、進入職場第一年的自我期許等。

目標人人都有，但不一定會達成。甚至你會發現，你終其一生都在設定類似的目標，今年做不到，明年又定了新目標，到底怎麼回事？

會不會一開始的目標設定就出了問題？

理想的目標設定，要盡可能符合S.M.A.R.T.原則。也就是讓目標具體化（Specific）、可衡量（Measurable）、可達成（Attainable）、高度相關（Relevant），以及具時效性（Time-bound）。

像是大部分的學生都會期許自己「學業進步」，但「學業進步」是相當空泛的描述。如果改寫成「在這個學期內，學業平均成績從現階段進步到班排前十五名」，就會比較理想。

同時，你還可以設定子目標，像是國文、英文、數學、社會、自然等科目的進步幅度，各個子目標都要緊扣著主要目標。

關鍵之一是你的目標必須是「可達成的」，也就是文章裡所說的「合理」。如果難度遠遠超出你的能力範圍，做不到的目標只會讓人想提早放棄，這樣的目標設定，有等於沒有。

另一個要思考的是，你想達成的目標是自己的事，還是別人的事？

很多人想改變的，其實是別人，而不是自己。像是想獲得某人諒解、希望被他人看重、期待有人喜歡……等，這些目標能否達成，常操之在他人。但你得知道，你通常很難改變他人的觀感或行為，你只能改變自己。

曾有學生問我，如何才能得到父母的肯定？他說，從小到大不論表現得如何優異，贏了多少比賽，他始終沒辦法得到父母的稱讚。我聽了感到很心疼，但我告訴他，若他要把獲得父母肯定當作目標去追尋，恐怕只會一再失望。

他問我怎麼辦？我反問：「你希望自己有什麼不同？」將焦點放回他身上。

後來，我與他想出了一個新目標，就是每天花五分鐘，回頭檢視與記錄下自己這一天三個努力與難得之處，給予肯定。既然父母的肯定求不得，至少自己要能夠欣賞自己，不是嗎？

反思與覺察

1.你現在正感到困擾的事情是什麼？若希望得到改善，你會期待自己有什麼不同？試著用「目標狀態」來描述你的期待。

2.人在「問題狀態」中常會充滿抱怨，你發現你在生活中最常抱怨些什麼呢？

3.為什麼把目標從「我不要……」改寫成正向敘述的「我要……」，會讓人比較有方向與動力去實現？

4. 一旦你遇到困境想要力求改變，而從過去回憶中又找不到可運用的類似經驗或成功方法時，你還可以怎麼做呢？

你的夢想是發大財嗎？

文——陳志恆

我曾到一所學校演講，和國中階段的孩子們談夢想。有個孩子告訴我：「我的夢想是發、大、財！」最後三個字還講得特別大聲。

我進一步問：「當你發大財後，想做什麼？」

「不知道！總之，只要發大財，想做什麼，就可以做什麼！」說完，那孩子露出靦腆的笑容，其他人也跟著大笑。我轉頭問大家：「你們當中有多少人，長大後的夢想是發大財，或變成有錢人？」

不少孩子舉手。我又問：「你們當中又有多少人，長大後的夢想，是當個快樂的人？」這次也有很多人舉手。我接著問：「那麼，如果有錢和快樂，只能選一個，你要選擇有錢，還是快樂？」

全場先是陷入一陣沉默，接著傳來交頭接耳的聲音，越來越大聲，同學們似乎正為這個問題，熱烈的交換意見。

有錢等於有權，帶來更多自由

小時候，我沒有自己的零用錢，一直到上大學，需要用錢時，都得和父母開口。就連靠自己實力賺到的獎學金，也得上繳給父母保管。

有時候，看到同學有自己的零用錢，能決定如何花用，常感到很羨慕。我很早就意識到，有錢才能不受制於他人；換句話說，經濟獨立才是真正的獨立。

於是，上了大學後，我開始思考如何拓展財源。我到系上的辦公室去工讀、擔任教授的研究助理、陪伴小朋友讀書寫作業，還去幫忙搬家過。即使完成學業後進入職場，有了固定收入，我仍透過投稿、寫作和演講等途徑，增加自己額外的收入，有機會還去學習如何投資理財。

當我逐漸累積起一些財富時，我確實感到更自由；在經濟獨立的同時，我不用看人臉色，能為自己做決定，所以有錢等於擁有自主權。

然而，我並未感到滿足，對於要購買更昂貴的東西，想過上更好的日子，似乎還有一段距離。這不禁讓我思索：「有錢真的能令人更快樂嗎？」

有錢確實會讓你感到更幸福

行為經濟學家對於財富與快樂之間的關連性，一直很有興趣。究竟，擁有更多錢是否會讓一個人感到更快樂？

過去的研究發現，一個人的收入與幸福感確實呈現正相關，但當年收入達到一定程度時，幸福感就不再跟著增加了。然而，美國普林斯頓大學與賓州大學的團隊在最近的研究中指出，個人的幸福感不僅隨著收入而增加；當年收入來到十萬美金

（約臺幣三百萬左右）時，幸福感更會大幅增加。尤其是本來就比較快樂的一群人，隨著財富逐漸自由，幸福感上升的程度也越劇烈。

反之，經濟陷入困頓則可能導致一個人心情惡劣，不僅幸福感降低，還會提高罹患心理疾病的風險。

看來那位國中生「發大財」的夢想，確實有其道理。

然而，左右一個人幸福與否的因素眾多，財富只是其中之一，卻也相當關鍵。行為經濟學的研究更告訴你，不只有錢會讓你感到幸福，若懂得聰明花費，你能「買」到更多快樂。

妥善運用金錢，幸福感倍增

在《快樂錢：買家和賣家必讀的金錢心理學》（天下文化，二〇一四）一書中，伊莉莎白．鄧恩及麥克．諾頓兩位作者提到如何讓你的花費換得更多快樂，甚至放大快樂的程度。也許你不是有錢人，仍然可以買到快樂，只要你能依循以下的五種途徑使用金錢。

一、花錢買體驗：比起花大錢搶購並收藏喜愛明星的限定商品，花錢去聽一場你喜歡的明星的演唱會，或看一齣他演的電影，深刻的體驗更會令你終身難忘。

二、樂在難得：需要等待的美食，上桌時最美味；同樣的，需要花點心力才弄得到的商品，你會更放大它的價值。難怪大家總喜歡排隊搶購，哪一家店前的隊伍越長，跟著排就是了。

三、花錢買時間：從時間的角度來思考金錢花費。想一想，如何花錢來省下更多時間陪伴家人、運動，或投注在自己的嗜好上；而非為了省錢，犧牲人生中許多珍貴的時刻。

四、先付款後享受：比起立即享受，延遲享受會更令人愉悅。其中的關鍵在於期待，我們對於還未到手的東西充滿期待，這會強化我們對渴望之物的正面感受。而先付款的當下雖然感到痛苦，卻為之後享受時，創造出一種免費的錯覺，更能體驗到消費帶來的快樂。

五、樂善好施：將錢花在別人身上，會比花在自己身上更快樂，「利他」是提升金錢運用滿意度的最佳途徑。

「利他」就是增加收入的途徑

現在你知道，**不論是否有錢，都可以透過更明智的消費行為，創造更多快樂。**然而，多數人還是希望自己能夠擁有越多財富越好，包括我在內。

剛剛提到，「樂善好施」會讓你感到更快樂；同樣的，「利他」本身也會為你帶來更多財富。為什麼？

大多數的人都需要透過工作賺錢，逐步累積財富。在《我們為什麼要讀書？為什麼要工作？》（采實文化，二〇二二）一書中，作者池上彰提到：「工作，是為了幫助別人。」

別誤會，不是那種犧牲小我、完成大我的助人行徑。而是透過工作，我們能為他人提供生活所需的服務或商品，替他人解決問題。而他人透過工作，也幫助我們完成那些僅靠自身之力難以做到的事情。

於是，透過工作，我們與世界得以串連在一起。

從這個角度出發，尚在累積財富的你可以思考：「我有什麼樣的才華或專長，可以為他人服務，協助他人完成他們辦不到的事情？而在幫助別人的同時，我也能獲得相對應的報酬？」

金錢報酬就是他人對你提供的協助，表達感謝的形式。所以，當你做出利他行為的同時，也能獲得收入，累積財富。

弔詭的是，一開始你是為了金錢去工作，而當你發現，透過你的專長和貢獻，能夠幫助別人解決困難，支持他人度過難關，這本身就會令人感到開心愉悅，金錢收入反倒成了助人時的附加價值。

立志發大財，不如立志幫助人

回到畢生夢想是「發大財」的國中生，我認為，想賺錢累積財富，甚至追求財富自由，這樣的目標都沒有錯。但如果要在這個過程中，獲得最大的快樂與幸福感，不如將夢想從「發大財」改為「幫助更多人」。

為了要幫助人，你會去打磨你的專業，練就一身本領；當你想著如何幫助到他人，你會去發現他人的需求，思考對方需要協助的地方在哪裡，並結合自身的專長，提供那些人所需的服務或產品。

尋找或創造出需求，並滿足那些需求，你就是正在幫助別人，隨之而來的金錢報酬，那是對你努力工作的感謝。

當我開始寫第一本書時，並沒有多想能賺到什麼錢。我只想著，透過文字，我可以把正向能量傳遞出去，安頓眾人徬徨的心情。隨著書籍出版，確實得到讀者的迴響，一直到現在，我已經寫了快十本書，還有人告訴我，當時的第一本作品，曾陪伴他走過最困頓的時刻。

而隨之而來的版稅收入，則是一筆意外的驚喜。接下來，我有機會越寫越多，也有機會幫助到更多人，並獲得更多的收入。因此我敢說，幫助別人真的會讓你更富有，不論是心靈上的滿足，還是實質上的富裕。

志恆老師的幸福練習室

還是學生的時候，因為經濟尚未獨立，總想著：「有錢真好。」離開校園進入職場後，終日為錢賣命、精打細算，開始想著：「如果有一天，可以不用為錢煩惱，該有多好！」這時，身邊有人告訴你，不只要追求更多財富，還要「財富自由」。

於是，財富自由就成了許多成年人終其一生追尋的目標。為了提早實現財富自由，人們拚命工作，主業之外還有兼職，有了存款就去投資理財，甚至跟著厲害的「老師」下單，看看能否快速致富、一夕翻身。

問題是，我們是否認真想過，財富自由的意義是什麼？是有花不完的錢，還是這輩子擁有夠用的錢就好？如果夠用就好，那麼，究竟要累積多少財富，才叫夠用呢？

所以，財富自由不只是銀行存款數字上的概念，更有心理上的意義。試問，當你擁有多少財富時，你會感到安全、輕鬆、自在，活得幸福？

如果你不想清楚財富自由的本質，遲早會因為瘋狂追求財富，陷入更有錢卻更忙碌，更富有卻更疲憊的狀態。最終落入有錢卻沒命花，人在天堂，錢在銀行，悲劇一場。這是你要的財富自由嗎？

關於財富自由，我聽過一種說法，財富自由是虛假目標，人們真正該追尋的是「時間自由」。也就是有權力支配自己的時間，能將時間花在自認重要的人事物身上。

從這個角度思考，如果可以自己決定每天的每分每秒，將時間用在那些真正重要的地方，像是和家人相處、健康養生、心靈提升、幫助別人、培養興趣、旅遊休閒上，該有多好？

然而，充分時間自由的前提是，有足夠的金錢支持；至少你不需要受制於錢不夠用，而必須花費大量時間在工作上。

於是你可以開始思考，當財富自由的那天到來時，當你不再需要為了賺錢辛苦工作時，你想把時間花在哪裡呢？把你想做的事情列出來，再想一想：哪些事情是你現在就可以開始去做的？

你會突然發現，很多事情，根本不用等到財富自由才去做，你已經擁有很多了。

反思與覺察

1. 你覺得「有錢」重要嗎？是否還有其他比有錢更重要的事情？

2. 為什麼經濟獨立是人生獨立的基礎？沒有經濟獨立，一個人就無法獨立自主的活著了嗎？

3. 當你擁有足夠的金錢時，你最想做的事情是什麼？而什麼事情，是你現階段就可以著手去做的？

4. 文中提到五種透過聰明消費買到快樂的途徑，你最認同哪一個？為什麼？

Chapter 4

實現價值

當你知道自己正在做的事情
是有意義與價值的，
你會更願意堅持下去。

引言 Introduction

什麼樣的價值，值得你一輩子守護？

一個耶誕夜，醫院裡的一群癌症病患和家屬，趁著熱鬧溫馨的音樂會進行中，偷偷溜出醫院，搭上事先準備好的遊覽車。

當他們的主治醫師和護理師發現時，簡直氣得跳腳！

他們要去哪裡？他們要去動物園看紅毛猩猩生小孩——這是一群癌症病童的心願，他們的家長明知不可為，卻冒著風險荒唐的幫孩子們圓夢。為什麼？

看過魏德聖導演編導的電影《ＢＩＧ》的人，就知道我在說什麼。雖然劇情有些誇張（電影嘛！），但現實生活中，也有許多超乎常理，卻令人感動的事。

像是陳樹菊阿嬤一輩子在市場賣菜，省吃儉用，累積點滴財富，不但捐贈給母校與建圖書館，還成立了貧困醫療與關懷基金會。其善舉不斷受到肯定，還獲選《富比士》雜誌亞洲慈善百大英雄人物。

你願意把畢生積蓄捐出來，只為了扶弱濟貧嗎？

也許我們沒有這麼偉大，但我們也會想，自己可以為這個世界做些什麼？或者為身旁的人付出些什麼？

利他的精神與作為，正好能帶來幸福感。心理學家早已發現，助人或行善等舉止會使人更快樂，所以「助人為快樂之本」這句話確實有其根據。

一方面，透過助人讓我們得以與其他人連結在一起；另一方面，幫助別人代表我們是有能力的，這會讓我們擁有成就感。

當一個社會足夠溫飽時，便有越來越多人會去追尋人生意義。也就是回頭思考，人活著的目的是什麼，做什麼最能夠彰顯人生，以及有什麼重要的價值，是值得去實踐與守護的。

於是，有些人為了宗教犧牲奉獻；有些人一輩子投入科學研發；有些人將大把歲月奉獻給醫療服務、偏鄉教育、藝術推廣、文學創作、流浪動物、生態保育……等；有些人則是透過政治活動為人權與正義發聲。

不論是公開的，或是默默的，這些人所做的事情，已經超越個人利益。他們在追尋的，是一個更理想的境界，促成這個世界發生改變。

回過頭來，當你知道自己正在做的事情是有意義與價值的，你會更願意堅持下去。就像即使我勤於筆耕並樂在其中，仍有厭倦及自我懷疑之時。若聽聞讀者的回饋，因為閱讀了我的某本作品，人生有了改變，此刻，我又燃起熊熊鬥志。

在「實現價值」這個主題中，我將帶讀者特別探討「助人」這個議題，你可以用各種方式去支持他人，有時候只是一個貼心的舉動就夠了；我們也會探討「正義」與「同理心」等議題，如何表現良善又不會傷害到別人，更不會因此委屈自己。

這五篇選文一樣精采可期，值得你深度思考，找到值得一生守護的價值，練習更幸福。

幫人做球，就是幫助自己

文——許峰源

我從小打羽球，因為身材優勢（我國中二年級就有一百八十公分、七十四公斤的好身材），加上刻意練習攻擊型的球路，讓我的殺球得到極大的優勢。

我平常比賽都以單打為主，偶爾兼差比雙打時，也只會要求隊友幫我做球，讓我可以好好殺球。一直到長大剛出社會比賽時，仍維持這樣的習慣，也是很單純的要求隊友幫我做球，讓我可以一拍殺球、直接得分。這是我認為贏得比賽最簡單、最有效率的模式。

但出社會十幾年，身體有了變化，心態也跟著調整，變得更有彈性了。

現在打球，已經不再要隊友幫我做球，而是換成我幫隊友做球，讓我的搭檔可以好好運動、流汗，甚至我還會幫對面的對手做球，讓大家都可以打得開心一點。

球場上的勝負對現在的我而言，已經不再重要。跟大哥大姐們打球，大家能夠運動、流汗、開心最重要。

懂得做球，讓我在球場上沒有對手，是我贏得球場好人緣的關鍵。

幫人做球，形成正向循環，催化好緣分

我剛出道當律師時，擔心被人覺得太年輕（當時只有二十三歲，真的很年輕），所以在各種場合一談到法律專業時，就會努力表現出很專業、厲害的樣子，想要讓別人覺得這個年輕律師是個狠角色。有時，遇到律師同道，特別是比我資深的律師時，內心更會高度警戒，想盡辦法證明自己是場子裡最厲害的，一定要壓過其他在場的同道。

十幾年過去了，想想剛出道的自己就覺得有點幼稚、好笑，想必當時人緣一定

不太好，而且也得罪過不少律師前輩吧。

感謝這一路以來，願意寬容我，願意給當年那個白目的我機會的貴人。

現在的我，是一個平凡的作家，雖然有法律專業，但已不再承接任何訴訟案件，加上出社會十幾年的歷練，心態也轉化很多，更具有開放的心胸與彈性了。

我不再需要在任何場合證明自己，即使遇到律師同道，也不再被內心湧現的競爭心態所控制。而過往的律師執業經驗，讓我十分懂得在場的律師同道需要我幫他們做什麼樣的球，好讓他們的專業可以順利被知道、被認可，進而創造未來提供法律服務的機會。

這樣的舉動，往往會讓其他同道很驚訝、感動，因為在此之前，他們幾乎沒遇過這樣的人。

我的粉絲團有數以萬計的讀者，雖然大家都知道我不打官司了，但基於對我的信任，還是會來詢問他們遇到的法律糾紛。

出於協助讀者的美意，多年來我養成一個習慣，就是會整理一個記載著我所認識的各種不同專長、不同地區的律師人才庫。當讀者來諮詢法律糾紛時，經過初步分析，我就會介紹讀者去找我信任的律師，處理後續的法律問題。

基於對我的信任，知道峰源介紹過來的案件已經過初步分析、篩選，不是來亂的案件，所以通常只要讀者報上我的名字，我的律師朋友就會更用心辦理，費用也會收得很公道。

「食好鬥相報（臺語）」，越來越多律師同道知道，只要他們夠專業、夠用心，來找我幫忙，我就會幫他們做球，至少讓他們有被潛在當事人認識、諮詢的機會。

所以越來越多律師同道成為我的好朋友，而當我的律師人才庫越來越豐富後，我能幫助讀者的能量就越來越強大，這是一個正向的循環。

懂得做球，讓我在律師界沒有敵人，更因為無數的好緣分，擁有滿滿的朋友。

幫別人做球的好習慣，我不只運用在球場、律師界，更細膩的運用於商場上。

平常我總會留心身邊每一位好朋友，他們從事什麼產業、現在有什麼樣的需求、我能幫上什麼忙；甚至，我會把每個人的專長、需求寫成筆記，隨時謹記在心，把他們放在心上。

我明白，每一個人想要在社會上出頭，除了努力累積專業外，更關鍵的，就是要有被看見的機會，但這也是最難的一件事。

所以，我會不定期舉辦餐會，由我作東請客，由我成為那個催化好緣分的化學元素。

通常大型餐桌可以坐十二人，扣除我自己，可以邀請十一位賓客。這時，我之前用心做的筆記就派上用場了。我知道每一位好友的專長、從事的產業及需求，經過一番排列組合後，出席的賓客不只可以認識到新朋友，更能夠因為彼此專長、產業、需求的互補互利，產生很大，甚至是意想不到的好緣分。

稍有社會歷練的人都知道，今天不是我們請人家吃飯，別人就願意來；不同的人邀請會產生不同的吸引力或影響力，這是社會現實，更是人與人之間的緣分深淺。

這就是為什麼是由我出面當那個催化好緣分的化學元素——因為，我知道大家都信得過我，了解峰源安排認識的人是安全、無害的，而且可能對各自的事業發展會大有幫助。

在餐會前，我會整理所有出席賓客的基本背景資料給每一個人，讓大家在出席前心裡有個底，不只有初步的熟悉感、安全感、信任感，更能夠事先準備想要交流的議題與潛藏的商機。

到了餐會那天，我會善用對每一位賓客的了解（除了專長、產業、需求，我還會研究每一位賓客喜歡吃什麼、喝什麼酒），幫大家做球，甚至還會事先幫他們想出各種可能的合作緣分。在長達兩、三個小時的吃喝、聊天中，彼此有了好的交流，最後通常也能夠賓主盡歡。

在這裡，我想多談一點人際交往的潛規則。

通常在餐會結束後，原本彼此不認識的人認識了，加上被我請了這頓飯，有了回請的好理由，所以就會引發賓客一個個爭先恐後，想要作東再聚餐一次。

因此大家可以算一下，這樣一次聚餐的好緣分，能觸發接下來幾次聚會緣分？

十一次？錯了，是無限多次。

因為這十二個人，包含我在內，在一次次的正向交流中，融入了彼此的人脈圈；再深化一次次的交流後，只要我們是好人，是個值得認識、交往的人，自然就會觸發無數次的聚餐緣分及商機了。

而我，只是為最初始的那個好緣分，做了一次漂亮的好球。懂得做球，讓我在商場上贏得好人緣，更點燃無數的好緣分，幫助了無數人。從前的我，只想贏，只想要隊友幫我做球；現在的我，心態轉化了、成熟了，能夠超越表面的勝負、超越自私自利的情緒，專注、用心的幫身邊所有人做球。

克服想求回報的心，就是幫助更多的人

我們都是平凡人，都想要獲得我們幫助過的人回報；一旦他們沒有付諸行動，我們的情緒難免會受到影響與波動，這是很正常的人性。

我個人的經驗是，要超越這樣的情緒，有一個更違反人性的做法，就是去幫助

更多更多人，一直到被我們幫助過的人多到連我們自己都忘記了，自然就會超越了。

我們之所以惦記，是因為幫助過的人太少了。只幫助過一個，就惦記一個；只幫助過兩個，就惦記兩個……。但如果我們幫助過的人超過一百人、一千人、一萬人呢？我們還惦記得了嗎？

當我們幫助過很多很多的人，甚至多到自己幫過誰都忘了，就會逐漸放鬆這樣的惦記；達到一定數量後，每天都會有人來回報我們，就像每天都有驚喜與彩蛋。

這也就是為什麼只要我的書一出版，就會有無數的讀者、公司行號、企業集團大量團購，也是我持續有一場又一場商業演講邀約的原因。

我相信這世界上書寫得比我好、演講講得比我好的大有人在，許峰源之所以能夠被看見、被推薦、被傳遞，是因為許峰源是一個曾經幫助過無數人的簡單的好人。

現在的我，每天只專心寫好每一本書、講好每一場演講，其他就隨順每天持續累積的好緣分的安排與指引。

我贏來的從來不是一場球，而是人心。

只有贏得人心的人，才能真正贏得天下。

本文出自許峰源《積善：生命的改變，始終源於心念》

二〇二一，方智出版社

志恆老師的幸福練習室

閱讀許律師的這篇文章，讓我想起，大學時在系上的籃球隊打球，我打的是小前鋒的位置，因為射籃準度不錯，教練常要隊友幫我製造得分機會。也因此，我有一種隊上得分主力的錯覺。

後來只要拿到球，我就會想辦法瞄準籃框，設法出手，也不管那是不是合宜的得分機會。甚至當我有空檔時，隊友沒有把球傳過來，我還會生氣責怪。現在想想，當時的我只想獨自求表現，根本沒有把團隊放心中，更不懂得為別人助攻。

後來，我遇到一個球友，大家都很喜歡和他同隊。為什麼？因為他本身球技高超，但除非不得已，他從不自己出手。每一次都努力幫隊友找出得分機會，把功勞讓給別人。和他同隊打球，總會有滿滿的成就感。

事實上，私底下他的人緣也很好。正如許律師文中所言，幫別人做球，自然會有好人緣；而贏得人心的人，才有可能贏得全世界。

職場上很強調人脈，許多人會拚了命去和人結緣。有人會不斷在社交場合與人交換名片；有人則是逢人就自我介紹；更有人會鎖定一些對自己職涯發展有幫助的名人，設法去接近他、認識他，或讓對方留下深刻印象。

然而，這些處心積慮經營的關係，並不一定會為你帶來成功機會，反而是在那些關係網絡邊緣的路人甲，才是能幫助你的關鍵角色，這就是「弱連結」的重要性。

所以學生時代的人際關係就格外重要。因為不帶任何利害關係與功利目的，最為單純。你不需要是人氣王，只要真誠善待身旁的每一個人，在同儕有難時伸出援手；沮喪時給予陪伴。長大後，那些過去的同學或朋友，自然會成為你弱連結當中的一環。

許律師正是擁有豐富弱連結的人。因為他樂於為別人做球，常處在人際關係網絡的核心。同時，他也促成不同人際網絡相互交流，無形間拓展了他自己的人際圈，也創造了無數個弱連結。

而現今網路發達，弱連結的影響力更容易發生。許多人會知道我，進而邀約我合作，常是聽朋友的朋友的朋友提到，或者由同是心理師的同行推薦的。

而我和許律師很像，雖然有著諮商心理師的身分，但沒有執業接案。我也有著一長串的資料庫，只要有粉絲在臉書上向我求助，我會打開資料庫，幫對方轉介我信任的心理師或諮商機構。若有我無法接下的合作邀請，我也會在資料庫中搜尋適合的人選，推薦給邀約單位，也做球給同行。

或許你想問，幫別人做球，得不到回報怎麼辦?正如文中所說的，當你幫助上百、上千個人時，你已經不會計較是否有回報，但收穫最大的，往往是自己。

反思與覺察

1. 在日常生活中，你會如何找到機會，幫別人做球，給別人發揮的機會?

2.如果你是個內向的人，不習慣像作者這樣時常邀請不同的朋友互動交流，要如何才能為自己建立更廣的人際網絡呢？

3.幫助別人真的不該期待獲得回報嗎？如果有著「這次我幫你，日後你也得幫我」的想法，真的是錯的嗎？

4.在團隊活動中，出風頭的通常就是那一兩個主力成員。如果剛好不是你，你該如何為自己在團隊中找到存在的價值呢？

我願意代替大人向你道歉！

文——陳怡嘉

如果一杯咖啡、一個真誠的心意可以拉回孩子的心，即使失去面子和尊嚴，默默幫別人道歉，又有什麼關係？

好幾年前，我帶過一個復學生，他因為與別的老師發生過很大的衝突，最後選擇離開學校。在外面繞了一年，再次回來，他的性格還是很剛烈，外表看起來也讓人畏懼三分。

來到我班上之前，聽說了他打老師、混幫派、嗆同學、蹺課等等事蹟，其他老師也都勸我小心，但我不在乎，因為他是與我有緣的孩子，他是我未來要保護的人。

第一次見面，他有著很大的防備，我問他：「過去一年都做了些什麼？接下來有什麼想法嗎？」這個孩子表情冷酷，完全不吭聲。

我要他既然回來了，就盡可能脫離休學時的朋友圈，也要改一下脾氣。「雖然發生事情時我並不認識你，但一時衝動造成這樣的結果，真的很可惜。接下來，我們一起重新開始吧！」

之後，我加了他的Line，週末常問他在做什麼，也陪著他和其他同學留校讀書，帶著他找到課業學習的動力。而他有時也會分享有趣的影片給我，過程中，我常感受到他看似狂放卻可愛真摯的一面，以及想變好的心。

一開始要全面調整作息、讀書態度跟朋友圈，對青春期的他而言，真的不容易。但漸漸的，他能夠開始讀書，下課問問題，甚至放學後固定留校，這些轉變總讓我感到安慰。

只是開學沒多久，有一天在課堂上，他與老師又起了衝突。

我接到消息，匆匆趕到教室外，詢問事情發生經過。他說：「同學都犯一樣的錯，但老師每次都只糾正我一個人，很不公平也很針對，老師就是對我有偏見，真的太過分了，我實在很想揍他。」

我拉著憤怒不已的學生，試圖安撫：「老師如果特別糾正你，不要想成是『針對』，而是『關心』。身為老師，若真的放棄一個學生，是連糾正都覺得浪費力氣，他如果特別盯你，你可以轉念想成是期許，或是特別希望你變好。」

看他不置可否的表情，我擔心舊事重演，讓他又回到原點，我拉著他急著說：「上次就是類似的衝突讓你離開學校，現在我們好不容易重新開始，一定要學著控制情緒。你可以不同意他、不理他，但不必跟他爭，這種爭沒有意義，跟老師爭是兩敗俱傷，更大的可能是你得付出代價，況且老師的出發點或許不是你想的這樣。」

我苦口婆心，又急又擔憂，而學生仍在氣憤的大風暴裡；我好說歹說不知過了多久，他終於同意不再跟老師爭執，讓我稍稍放了心。

只是第二天一早，我就接到他請假的訊息：「我還是覺得老師很過分，明明就是不公平，你都只幫自己人說話。今天我不想去學校了，而且之後那個老師的課我都要請假，不然我一定會再跟他起衝突。」

「我知道你有委屈，可是逃避跟憤怒沒辦法解決問題，你可以選擇把自己的行為做好，然後不理他就好。這樣他就沒機會針對你，也不必犧牲你的受教權，你越不來就代表跟老師的心結越深，最後只會更尷尬。」我趕忙回道。

「你不用勸我了啦！聽這些真的很煩。」他的語氣已經開始不耐。

「快來吧，不管多晚都要來學校。我們已經走那麼遠了，你現在這樣就是在走回頭路，你快來，不管多晚，我都等你。」我知道只要一直跟學生說「不管多晚，我都等你」就會有效，因為這是在乎，也是堅持。我知道這可以帶來壓力和驅動力。

於是，我又重複傳了一次「不管多晚，我都等你」。

但得到的是已讀不回。

過了不久，我又再傳訊息給他，我不是愛疲勞轟炸的人，我只是怕學生做了錯誤選擇後，又重回原點。

好不容易，他終於要出門了。我跟他說：「等等快到學校時，先不要進校門，我會在校門口等你。」

「你要幹麼？」

「總之，快到時跟我說就對了。」

對一個害怕學生又走回原路的老師來說，在辦公室等待的每一分鐘都無比漫長，過了不知多久，終於收到訊息，他出捷運站了。我趕緊拿著錢包狂奔到校門口，帶他來到星巴克。

他困惑不解：「你要幹麼？幹麼來星巴克？」

「不要問，點一杯最貴的飲料就對了。」我抬頭看著選單這麼說。

學生尷尬推辭，但熬不過我的堅持，最後我幫他點了一杯最貴的咖啡，當我把咖啡拿給他時，跟他說：

「老師可以體會你的感覺，這件事或許那個老師也有處理不好的地方，他或許知道，但不好意思承認，更難認錯；但也或許他根本不知道。

「我了解現在要你轉念很難，或許有一天你會明白大人的心意，也會慶幸自己沒有再做出錯誤決定。

「但不論你明不明白都沒關係，這杯咖啡就算是我幫那個老師請你的，我代替大人向你道歉，希望你原諒這些事，放下這些恩怨，包容大人也有自己的局限，不要因為這樣影響了自己。我們好不容易走了這麼遠，我們要去更好的地方。」

「哎喲，這不關你的事，你幹麼這樣……」學生看著我幾近哽咽的說著這些話，很意外也很尷尬。在孩子的世界，幾乎沒有大人會反省道歉。

「沒關係，答應我不要生氣了，不要再有這樣的情況了。」

說這些話的時候，其實我的心裡很難過，站在大人與孩子的中間，我深刻知道大人的期待、權威；也理解孩子的悲傷、無助，但我的角色不是裁判，而是橋梁。

如果可以讓事情圓滿，就算不是我的錯，我也願意幫其他人道歉！

如果一杯咖啡、一個真誠的心意可以拉回孩子的心，即使失去面子和尊嚴，默默幫別人道歉，又有什麼關係？

之後，我帶他回到學校，又陪著他去跟那位老師道歉。私下，我另外找機會請那位老師喝咖啡，並將學生委屈的心情告訴對方：「學生有不懂事的地方，請老師多多包容，其實這個學生回來後改變很多，個性、人際或課業上都有很大進步。這次事件，他並不是故意要跟老師生氣，他只是覺得『老師都針對他』。我告訴他：『那是因為老師特別在乎你，希望你能變好。或許老師也有提醒其他人，只是你沒注意到。』但學生不太領情。我想這件事，一方面是他不太成熟，還不懂老師的用心；另一方面，還請老師幫我多鼓勵他好的表現，讓他感覺到大家的善意。不好意思，辛苦老師了，也感謝老師對班上的用心教導。」

「好的，謝謝陳老師居中協調，辛苦了。這樣我下次會多鼓勵他的，其實他回來後，我也很常鼓勵他，只是，他可能只記得我對他的糾正。」對方無奈的說。

「是啊，學生有時候會這樣，我知道老師對孩子們都很盡心盡力，辛苦您了。」

令人感到安慰的是在那之後，這個學生再也沒有跟任何老師起衝突，個性也改變了許多。

偶爾我會想起那些畢旅時，他與同學開心玩在一起的畫面；高三時，留校讀書、狂問問題的身影；以及他媽媽在對話時總是不斷為他道歉的心情，至今都深深烙印在我的心底。

本文出自陳怡嘉《最難的一堂課：充滿挑戰的教育現場，老師如何帶著愛和勇氣站在臺上》二〇二一，遠流出版

志恆老師的幸福練習室

道歉很難，如果不是你的錯卻還要道歉，更難！不過，若道歉能解決問題，讓誤會圓滿落幕，即使錯不在我，我也會選擇道歉。

高中時，有一次和同學打籃球，敵方球員投球時我跳起來封阻，正搧了他一記火鍋；我開心握拳歡呼，場邊夥伴也拍手叫好：「漂亮呀！」

「打手犯規！」被搧火鍋的同學此時大喊。

我反問：「哪有打手？」

「有！就是有打手！」他很堅持，我則一臉無辜，看著其他同學，要他們評評理。但那時一片混亂，也沒人敢說自己清楚看到了什麼。也就是說，有沒有打手，只有我和他兩人知道。

被他如此冤枉，我一氣之下決定不打了，嘴裡還碎唸著：「實在太沒品了！」背起書包離開籃球場。我走到學校福利社，準備買瓶運動飲料消暑一番。突然一個念頭起來：「幫他也買一罐吧！」

我手裡拿著一罐冰涼的運動飲料，走回籃球場見到他：「剛剛抱歉啦！是我不對！來，喝飲料！」就這樣，一句道歉和一罐飲料，化解球場上的恩怨。

不是我的錯，卻要吞下自己的委屈，主動向對方道歉，伸出友誼之手，這實在不容易，特別是在高中那血氣方剛的年紀。然而認真想想，如果就這麼僵持不下，友誼因此變了調，在班上見面都尷尬。若一罐飲料和一句道歉，能讓兩人修復情誼，我也沒太多損失。

在值得守護的關係中，爭論誰對誰錯，真的不是最重要的。願意先道歉的人，才是最有勇氣和智慧的。然而，這一點不容易，能夠做到先道歉，你必須在心裡頭不斷問自己：「什麼才是最重要的？」也就是，你想守護的價值是什麼？

就像陳怡嘉老師，她願意放下身段，在學生與其他老師發生衝突時，代替大人向學生道歉，是因為她相當明白，這麼做是為了讓自己一直守護著的學生，重返校園後不再前功盡棄。

我更佩服陳怡嘉老師，為了自己一直守護著的學生，願意放下身段。這根本不干她的事，為什麼要如此雞婆？

我想，對怡嘉老師而言，比起分別向雙方低頭道歉（以及花錢請雙方喝飲料）的委屈，若能促使雙方冰釋誤會，讓學生願意對學校、對老師重拾信心，那是比什麼都重要的——這正是怡嘉老師全力守護的價值。

反思與覺察

1. 如果道歉能化解你和某人的誤解，即使不是你的錯，你願意拉下臉來向對方說聲「對不起」嗎？

2. 當發生師生衝突時，大人往往會認定，應該是學生犯錯在先。如果是你被老師誤會了，你會怎麼辦？

3.當你的好友們發生誤會或衝突，彼此僵持不下，你願意分別替彼此說話，代替對方道歉；還是當個局外人，讓他們自己去處理呢？

4.如果僵持不下的雙方都不願意退讓，你身為他們的朋友，想為他們居中調停，但又擔心自己被掃到颱風尾，該注意些什麼，才能保護自己免於受傷害呢？

失控的正義：是路見不平還是正義魔人？

文——陳志恆

前陣子，一名國中生以「帝王條款」為題的畫作，在全國美展中獲獎，之後卻在網路上引起軒然大波。有位百萬網紅看不慣畫作中諷刺行人至上的路權觀念，便發文批判，強烈要求主辦單位撤回獎項，也引來大批支持者跟著「出征」。當天，學校被迫刪文，以平息風暴；又擔心當事學生心靈受創，還安排他接受心理輔導。

當然，這也引來看不下去的網友，紛紛發文為這孩子說話，認為即使立場不同，他仍然有透過畫作表達自己意見的權利。也有知名作家寫了溫暖的文字鼓勵這位獲獎同學。

事情發展到後面，網路風向一面倒，多認為最初發文批判的百萬網紅發言不慎，不僅可能對未成年的學生造成傷害，更激起社會對立；「支持行人路權」和「人車互相尊重」兩派人馬在網路上互相攻訐，撕裂社會和諧。

不論是在網路或馬路上，都不難見到這類為了捍衛某些價值，以正義為名，向他人「出征」，要他人付出代價的「正義魔人」。或許一開始只是路見不平，但最後卻演變成失控的正義。

一開始，常常只是路見不平

在我高中時，曾發生一起近乎校園暴動的事件。

某天早上，我們班上幾位同學在朝會時閒聊，有人提到網路上的一則趣聞，某人目睹本校某學弟尾隨他校女同學，和她搭同一班公車，走同一條路回家，令對方心生畏懼。

「真的有這樣的事嗎？這學弟也太沒品了吧！」

「對呀！他好像是某班的，要不要去看看他是誰？」

「好呀、好呀！中午一起去找他。」

一群人你一言、我一語，決定午休時間去探一探傳說中那位跟蹤女同學的學弟。午餐過後，幾位同學便出發了，其他同學見狀，也好奇的跟著走。路過其他班級，大家看到一群人浩浩蕩蕩，又聽說是要去找網路傳聞中的某位學弟，便紛紛加入隊伍。

就這樣，本來是四、五個人的事，來到學弟班級門口時，現場目測已經超過上百人。大夥兒擠爆了兩棟教學大樓間的柏油路，有人大吼：「有膽跟蹤女生，就別躲躲藏藏！」

直到學弟班上有人說，學弟好像在電腦教室；一群人又像暴動似的，轉而移動至電腦教室所在的另一棟大樓，並在外面大聲叫囂，要求學弟「出來面對」。

本來只是路見不平，或者只是好奇，沒想到後來場面失控。最後，苦主學弟聽說被老師護送離開電腦教室，轉往輔導室。人群一度還想跟去輔導室，最後由教官出面將人群驅散。

是吃飽太閒，還是盲目從眾

當時，我親眼目睹同學們因為好奇與從眾，高舉著一點也站不住腳的正義旗幟，做出對某人集體肉搜的行徑。看似是要去給當事人一個教訓，事實上圍觀者居多，而在激情之下，盲目被煽動情緒的人更多。

眼看著一群高中生集體失去理智，現在想想，那位學弟當時應該驚恐不已，或想著乾脆明天不要來學校好了。

事實上，沒有人有權利聚眾公審他人，現實生活中如此，網路上亦然。偏偏，在社群媒體發達的現今社會，人人都得以在螢幕前當起「鍵盤判官」；未弄清楚事件始末，就對他人大肆撻伐。而盲目的網友則紛紛留言、轉貼附和，這近乎集體霸凌的行徑，確實在國內外釀成許多悲劇。

網路上的意見領袖自然得蹭一下熱度，紛紛發表高見，不管是正反意見。因為他們人氣旺、粉絲多，只要語氣強硬些、立場極端些，自然能引來更多討論與關注，激起的常是更多對立而非對話。只是許多網紅並不在意，他們要的就是流量。

為什麼非得在網路上討公道？

網路上的正義魔人特別多，其中一個原因就是網路環境本身的匿名性，讓原本現實生活中不敢出聲的人，都可以把自己看不慣的事情，放到網路上討論，請大家評評理。只要這事件夠聳動，能引發關注，網友便能你一言、我一語的發表高見，在高談闊論的同時，也就形同網路公審。

在生活中看不慣的事情，為什麼非得放到網路上公開批判呢？

也許，這些人真的受到實質傷害；也許，這些人長期受了委屈；也許，他們覺得自己一直捍衛的價值被詆毀了，所以他們需要反擊，他們需要尋求慰藉，他們需要有個發聲的地方。

而許多內心有傷的人，是透過撻伐別人來療癒自己。當看到別人被攻擊、受傷害，付出某種程度的代價時，自己的心裡才會感到平衡。當然，這樣的人也經常見不得人好，便成了網路酸民。

在社群媒體上，當你想討拍時，很容易在第一時間引來同溫層的齊聲附和，這會讓你感覺自己確實是代表正義的一方。

也因為有著「正義」在背後撐腰，網友們很容易將自己過激的言論，合理化為彰顯公理、替天行道。而同溫層的言論很容易引發「團體極化效應」（Group polarization），大家的用詞越來越偏激，立場越來越極端，攻擊力道越來越強，對受到批判或公審的當事人，造成的傷害也更大。

引戰、參戰前，你想清楚了沒？

也許你不是百萬網紅，你要的不是流量。你只是受了委屈，想在網路上討拍，或期待網友為你主持公道。或者你只是想要宣揚或捍衛某些觀點，網路也會是一個倡議的好地方。

然而，不論你是想引戰或參戰，在發文前請深思，你想達到的目的是什麼？

如果是期待有人贊同你的意見，這很容易實現；如果是要求不能有人反對你，那根本不可能，民主社會本來就存在不同的聲音。

如果是期待獲得安慰，這也容易達到；如果是想要對方因此恐懼害怕，從此噤聲不語；或者被肉搜起底、公開道歉，甚至落荒而逃，抱歉，你沒有這樣的權利。只有法律能夠要求一個人為其行為付出對等的代價。

如果你是想藉此讓某些議題獲得重視，你需要做的是促成對話，而非引發對立。**而對話的第一步就是相互理解。唯有你願意先去理解對方立場背後的想法，對方**

也才有可能靜下來聽聽你的心聲、思索你的觀點。

最後，如果你是個具有聲量的網紅或意見領袖，請別忘了，你擁有比別人更大的話語權，也就是你的言論會比別人的更受重視，不論正向或負向的影響力也都更大。你更該珍惜並善用你的話語權，請思考是否有人可能因為你的言論而受到傷害。或許你只是仗義直言，然而，你的一句批評，可能就是某個人一輩子的陰影。

志恆老師的幸福練習室

當我們在網路社群中寫下對某人的不滿，或者攻擊謾罵某人，一開始可能只是想討拍，或者希望路人主持公道，但最後很容易就會演變成網路霸凌。同溫層網友一窩蜂的跟著攻擊，將令對方痛不欲生。沒錯，你可能沒想過，網路霸凌對一個人造成的傷害，可能大過於實體世界的霸凌行為。怎麼說呢？

首先，網路世界的匿名性，讓人以為自己的行徑不會曝光，不管你是帶頭的，還是跟風的，你都以為自己隱藏在螢幕後面。於是，你更敢說出自己平常不敢說的話，言詞批判更加犀利，造成的傷害也越重。

其次，網路上你一言、我一語的互相附和，會營造出一種責任分散的假象：「大家都這麼做，有什麼不對？」或者，「我只是跟著罵，不會那麼嚴重吧！」事實上，你永遠不會知道，你的一則回應，很可能是壓垮駱駝的最後一根稻草。

再來，網路霸凌者因為無法實際看到被霸凌者的樣貌，無法想像對方的痛苦，攻擊起來也會毫不手軟。也就是說，比起真實世界的肢體暴力、言語攻擊、孤立或排擠等行為，在網路上人們的同理心會下降，下手也會更加殘忍。

最後，被霸凌者過往的糗事或遭遇被公諸於網路，會讓他走到哪裡都感到不安。別以為不去看那些攻擊言論就沒事了，到了現實世界中，他也會有一種「全世界都知道我的事」以及「大家都用異樣眼光看我」的感覺。那種草木皆兵的恐懼，沒遇過的人恐怕很難想像。

所以，這幾年國內外都曾發生過不少憾事，有人因為承受不了網路霸凌或公審，最後選擇輕生。

你可以在社群平臺上就事論事的討論某些議題，但請務必注意遣辭用字是否過激或失當；在按下送出鍵前，請一讀再讀，再三思考。

如果某人得罪你，讓你真的很不滿，非得訴諸網路討回公道，不妨先用筆把事件經過以及你的情緒、想法寫下來，或者打成文字檔，晚個兩天再決定是否送出。冷靜下來後，或許你會有別的選擇。

反思與覺察

1.近幾年常有交通違規「檢舉達人」，讓許多被檢舉者深感困擾，甚至有人攻擊他們吃飽太閒。你會如何看待檢舉達人的行徑？

2.近年從國外傳來的「#Metoo」風暴，讓不少人選擇在網路上披露曾被某些知名人士性侵或性騷擾的經過，引來眾多網友聲援，或齊聲撻伐，試圖讓對方「社會性死亡」。這是否也是一種網路公審？你認為那些「Metoo 受害者」為什麼要這麼做？

3.如果你發現，自己在網路上遭受攻擊、謾罵或排擠，你該如何保護自己？

4.我們很容易在他人煽動、鼓吹或慫恿之下，盲目從眾去做出某些蠢事，該如何避免自己加入盲從跟隨的行列呢？

搭乘大眾運輸工具時，我有個習慣

文——陳志恆

當你搭乘臺鐵、高鐵或遊覽車等大眾運輸工具時，是否會調整椅背的傾斜幅度？會調整一點點，還是直接往後躺平？

搭乘大眾運輸工具時，我有個習慣，就是入座後，只把椅背稍稍往後傾一點點。其實，不論高鐵、臺鐵或客運，座位椅背往後傾斜的角度都可以很大，斜躺在上面相當舒服。但我只會微微後傾，為什麼？因為，我不想干擾到後座的乘客。

椅背橫躺，阻礙後座乘客進出

如果你常搭乘高鐵、臺鐵、客運等大眾運輸工具，你會發現，座位前後排之間的距離狹窄，一般人進出可能得側著身。

以高鐵來說，如果要從走道入座，剛好你的位置又在三排座那一側的窗邊，當前排有人的椅背是大幅度向後傾斜時，正好會擋住你行走的動線。

你得大幅度扭曲你的身體，才能夠不碰到前排的人；同一時間，還得越過與你相鄰座位的乘客，很可能手肘、臀部或行李，會不小心碰撞到對方，打擾他人休息。

在起身準備離開座位時，也是如此，都需要這般辛苦的「翻山越嶺」。

事實上這對老人家而言，更是危險。

老人家的身體通常沒有那麼靈活，要他們扭曲腰部，撐住某種姿勢擠進裡頭的座位，很可能會不小心跌倒或受傷，尤其當列車正在行進時。

即使進出不是問題，若前座的乘客把椅背大幅度後傾時，我也會有壓迫感，無法自在的使用餐桌，或者我座位前方的空間。

犧牲自己一點點，為他人帶來更多方便

一般人不一定會留心這個狀況。而我第一次意識到，椅背過度傾斜可能影響後座乘客，是在國小的時候。

當時，我們全家一同參加父親公司舉辦的員工旅遊。搭乘遊覽車時，我和父親坐在一塊兒。前座的乘客大幅度將椅背往後躺，我的個子較小，沒什麼感覺，但父親的腳卻因此卡住而無法自由活動，相當彆扭。

這時，父親拍拍前座的乘客，禮貌的說：「可以請你稍微坐直一點嗎？因為我的腳快沒地方放了。」

「啊！不好意思、不好意思，我沒注意到！」對方與父親有些認識，連忙道歉並將椅背調高，父親的雙腿才有了伸展的空間。

從那天起我學習到，原來乘坐大眾運輸工具時，將椅背過度後傾，會影響到後座的乘客。於是，我時常提醒自己，將椅背微幅往後傾就好，盡量不要讓後座乘客感到擁擠不適。除非我很確定後座不會有人。

當然，前方乘客要如何使用椅背，那是他的權利，我不可能強制要求他別這麼做。然而，我選擇盡量不要造成別人的不便。只讓自己的椅背微微往後靠，坐起來不會不舒服就好。

我認為人與人之間，需要多一些體貼，多一點尊重，儘管需要犧牲自己一點點的權益，但大家都會更方便、更舒服一些。

那些被忽略的隱形需求

當我將我的乘車習慣告訴朋友時，常獲得許多共鳴；也聽過不少人與我分享乘車時的不愉快經驗，甚至激動的說：「就是有些人，很沒有同理心！」

我相信，你也願意這麼做。這代表你願意將心比心、為人著想，很有同理心。

然而，沒這麼做的人，就是缺乏同理心，或不懂得為人著想嗎？

有一次，我和一群朋友聊起這個話題，有個初次見面的友人，把我拉到一旁，私下告訴我：

「你會這麼做，是你能設身處地、為人著想，我們確實需要對他人多些體貼。不過，你可曾想過，為什麼交通工具需要做這樣的椅背設計？」

我有些疑惑，繼續聽他說下去：

「我想也許是因為有些人確實有需要。像我的脊椎開過刀，植入鋼釘，背永遠是挺直的，無法完全貼合椅背，因此椅子若不斜放，整趟旅程我的頸椎都會很難受。

「與其倡導椅背小幅度斜放，不如推廣離開座位時豎直椅背，這樣有隱形需求的人長期下來才不會被忽視了。」

這位友人的話，對我而言真如當頭棒喝；我真心感謝他告訴我這些。

可以嚴以律己，但別得理不饒人

確實，我們容易忽略少數人的隱形需求，甚至在還沒充分理解他人動機的情況下，就不留情面的大肆批評。

只因為我們嚴以律己，就期待他人也得比照辦理。

當我們用高道德標準來要求自己時，很容易就用相同的標準去檢視或要求他人的言行。當別人沒這麼做時，我們便高舉正義的旗幟撻伐他，而不小心對他人進行道德勒索。但事實上，我們沒有這個權利。

雖然我很不喜歡前座的乘客大幅度傾斜椅背，這會讓我感到不舒服，但我確實沒有權利要求他，一定得把椅背豎直一點。既然大眾運輸工具上的椅背設計如此，別人要如何使用，只要沒有違反法律，或對別人造成實質的傷害，我們是沒有權利指責他的。

甚至，我們根本不知道對方是否有看不見的隱形需求，卻貿然為對方冠上「缺乏同理心」或「沒公德心」等罪名。

真有必要時，我們可以用委婉的語氣與對方溝通，請求他稍微調整一下，就像我父親當時那樣。但如果對方拒絕，也許是有他的難處，我不能就此論斷對方有錯或缺德。

在關注他人與自己的需求間取得平衡

展現體貼、為人著想或同理心，固然是美事一樁，但絕對不能只從單一面向來思考他人的需求。在意識到椅背後躺可能妨礙後座乘客的同時，也得去理解某些人確實需要大幅度向後靠著椅背才行，或許對方是有說不出口的隱形需求。

同時，就算你很有同理心，而他人沒那麼做，你未必就擁有批判他人的特權。除非你對他人行為的動機已有足夠理解。

最後，在體貼他人時，我們也得關注自己的需求。

像是我再能為他人著想，也很難不稍稍讓自己的椅背往後傾。因為，我也希望自己能坐得舒服。

事實上，我們時常需要在「照顧他人」和「照顧自己」之間取得平衡。有時候多為自己著想一些，有時候多去顧慮到他人的需要，這本身沒有標準答案。如果可以雙贏是最好，但若兩者之間有衝突時，我的原則通常是：可以犧牲自己一些些，但不要過度委屈自己；也可以多照顧自己一點點，但絕不要對他人造成困擾。

志恆老師的幸福練習室

我常搭乘大眾運輸工具，也因此見過不少搭乘亂象。

高中時，每天搭公車上、下學，我常見站牌前本來排隊人龍井然有序，等公車一到站，所有人卻爭先恐後的上車，一群人卡在門邊，上下車的乘客擠成一團。

不只公車，臺鐵更是如此。不管區間車或對號列車，大家似乎習慣不排隊，反正排隊也沒用，拚命擠上車就對了。

我常想，這就是臺灣民眾的公民素質嗎？可是在某些地方，你卻可以看見大家願意遵守秩序排隊，不會亂成一團。何以在使用某些交通工具時，卻亂象百出？

曾經有好一陣子，我常為臺鐵誤點一事感到不悅。不管是尖峰或離峰時刻，都有可能誤點；甚至誤點已成了常態。我仔細觀察，造成列車誤點很大的原因，在於乘客爭先恐後上車，常在門口堵成一團，拖延列車發車時間。若每一站都如此，當然會頻繁誤點。

從另一個角度思考，若不是乘客素質低落，會不會是環境的設計不夠友善？

仔細觀察，在臺鐵月臺上，乘客就算想排隊，也不知道從何排起。為什麼？因為火車到站的位置並不固定，開門的位置也不固定。就算你站在正確的候車處，列車實際到站時，也可能會開過頭，或者提早停下來。這時候，只見一群人飛奔至自己車廂的出入口，便擠成一團了。

除此之外，還有其他待改善的地方，例如沒有規劃排隊動線、車上缺乏大型行李放置處等，這些都會直接或間接導致乘客上下車的速度變慢，因而造成誤點；反觀高鐵在這些方面就明顯做得較好。

當然，列車誤點的原因很複雜，不能單單歸咎於乘客上下車時的混亂。然而，如果環境設施的設計能再友善些，更符合人性需求，我相信會減少許多乘客的不便。

除此之外，不論搭乘大眾運輸工具、自行開車，或走在路上，都需要大眾互相體諒與尊重。己所不欲，勿施於人。但光靠民眾自律仍是不夠的，人性再美好也有極致；像是人車路權爭議、博愛座設置，或者騎樓能否停放車輛等，也許可以思考透過更有智慧的設施規畫，引導民眾順勢養成好習慣，減低事故或衝突發生的風險。

反思與覺察

1.你曾在搭乘大眾運輸工具時，遇過什麼不愉快的經驗？當時你有什麼反應呢？

2.在日常生活中，你曾發現哪些可以「多幫別人想一想」的地方，或者可以默默對他人展現體貼之處？

3.在日常生活中，你曾發現身旁親友一些不為人知的「隱形需求」嗎？你會如何幫助他們？

4.對你而言，「為人著想」與「照顧自己」孰輕孰重？你會如何平衡兩者之間的需要？

允許一群人鑽研無用之學，是社會所能達到的最高境界

文——劉彥廷

「你覺得，哪些大學科系最沒用呢？」

最近，因為某位名人的一段話，讓「哪些科系沒有用」的話題，在網路上掀起熱議。

許多人在評價一個科系或專業是否有用時，常以「能不能賺錢」、「可以賺多少錢」作為判斷標準。

這篇文章從兩個關鍵詞——「錢」和「用處」——出發，和你分享我對於這個議題的幾層思考。

一項專業能賺多少錢，與「市場需求」有關

我們經常將「賺多少錢」，和個人的「專業能力」畫上等號，卻忽略了一項專業能掙得多少錢，除了和個人能力有關外，還有一個重要因素，就是「市場需求」——這個市場需不需要你的能力？市場又有多大？

舉個例子，如果一個人，有卓越的「射御之術」，那麼他這一生能獲得的「最大成就」會是什麼？

放在千百年前，他最大的成就可能是在戰場上殺敵立功，成為一名將軍。在世時享盡榮華富貴；過世後留名青史。他積累的名聲、財富，還能庇蔭好幾代子孫。

但放在現代，他最大的成就很可能是：拿面奧運金牌，凱旋歸國，一時聲名大噪；待曲終人散後，便到射箭場、馬場當教練。雖說也不差，但和前者相比，總讓人覺得惋惜。

所以，同樣的能力，放在不同時代，取得的成就可能有著天壤之別。

就像「電玩小子」曾政承，在二〇〇一年以十七歲的年紀，拿到世界電子競技大賽（WCG）《世紀帝國2》的冠軍。回國後曾風光一時，成為媒體寵兒。

無奈當時臺灣還沒有所謂的電競產業，更不用說成為一名「職業」電競選手，以打電玩維生。最終，他被迫放棄電競專長，從虛擬世界的頂端走下，回到現實世界中，成為一名領普通薪水的送貨員。

曾政承證明了，他的專業能力是該領域的世界第一。照道理，人生應該就此駛上成功的快車道；沒想到，時代卻將他狠狠拉下車。

不少人感嘆，曾政承「生不逢時」，如果他晚個十年出生，趕上電競熱潮，現在很有可能是一位年薪百萬，甚至千萬的職業選手或遊戲直播主。

生不逢時，縱有經天緯地之才，又能如何？

回到自身，倘若我們的專業能力，能讓我們掙得一份不錯，甚至讓人稱羨的收入，除了能力之外，其中又有多少，是「生而逢時」所帶來的時代紅利呢？

有些人的人生，追求的不是錢

每個人心中的「價值排序」不同，願意投注心力去追求的東西也不同。對某些人來說，金錢是人生最重要的追求，任何事只要和「賺錢」相衝突，都會被犧牲放棄；然而對另一些人來說，錢只要夠用就好，因為他們認為，「人生有比錢更值得追求的東西」。

例如，小兒痲痺疫苗的發明者——沙克（Jonas Salk），當疫苗被證實有效且成功上市後，沙克在一次的採訪中被問到，是否有為自己的發明申請專利？

沙克回答：「當然沒有，你能幫太陽申請專利嗎？」

據《富比士》雜誌估計，沙克放棄專利，相當於放棄了七十億美元。

再例如，電學之父——法拉第（Michael Faraday），發電機和馬達都是他發明的，在日常生活中，需要用到「電」的東西，十有八九都能看見他的貢獻。

法拉第曾說：「我發現的所有知識，應該為全人類共享，而不是我一個人獨享。」

所以，他沒有申請任何一項專利。如果他申請了，那絕對會是「人類史上最富有的人」。

法拉第、沙克都沒賺什麼錢，但不是他們沒能力，而是他們不在意。在某些人的價值排序中，幫助社會、造福人類，比積累財富還重要。

不知道有什麼用，不代表沒用

曾有人開玩笑的說：「學這麼多數學有什麼用？我買菜會用到三角函數、微積分嗎？我數學沒學好，不是一樣過得好好的。」

的確，在臺灣這樣一個豐衣足食的地方，任何一個學科沒學好——甚至「所有」學科都沒學好——真的也不會怎麼樣，生活一樣可以過得很好。

但不知道這些專業有什麼用，不代表它們沒用。

沒有電磁學，我們家裡不會有可供電的插座；沒有量子力學，即便有電，也不會有智慧型手機；沒有數學，手機裡的APP不會被寫出來；沒有相對論，我們從家裡走到最近的便利商店，手機裡的Google地圖就不能用了。

在這專業高度分工的現代社會，我們都是「深層知識的淺層使用者」。

不懂這些專業，我們的生活一樣可以過得很好，但不代表這些專業沒用，更不需要調侃、貶低靠這些專業維生的人。

現在沒用，不代表以後沒用

從事基礎科學研究的人，也經常被質疑，有時甚至會自我懷疑，做的研究到底「有沒有用」。

當電磁波被發現時，學生問赫茲，這東西有什麼用？赫茲只淡淡回了一句：「沒有什麼用，這只是一個實驗罷了。」

當發電機被發明時，有人問法拉第，這東西有什麼用？法拉第禮貌的回說：「剛出生的嬰兒有什麼用呢?」

許多新的發現或發明,就像剛誕生的嬰兒,在最初,我們真的不知道它有什麼實用價值。

但現在沒用,不代表以後都沒用。

如果沒有這些「看似沒用的專業」從業人員,他們的發現跟發明,我們不會有現在如此便利、體面的生活。

允許一群人鑽研無用之學,是社會追求的最高境界

曾參與過曼哈頓計畫(二戰期間,一項研製原子彈的軍事計畫)的物理學家,威爾遜(Robert Wilson),在一九六九年時,正負責籌劃建造美國的國家實驗室。其中最昂貴的一項設備,便是當時「全世界最大」的粒子加速器,要價兩億五千萬美金。

在國會聽證會上,參議員質問威爾遜:「建造這個加速器,對我們國家的安全

有幫助嗎？」

威爾遜將頭湊近面前的麥克風，開口回答：「沒有幫助。」

參議員先是愣了一下，回神後再問了一次：「一點幫助都沒有？」

威爾遜毫無遲疑的回答：「是的，一點幫助都沒有。」

參議員問到懷疑人生，心想，眼前這個人，到底有沒有心要申請經費？

「它對國家安全沒有價值嗎？」參議員做出最後一次的提問。

這次，威爾遜沉默了幾秒，才開口說：

「建造這個加速器，只與人的敬意有關，與人的尊嚴有關，與我們對文化的熱愛有關。它與我們是不是優秀的畫家、優秀的雕塑家、偉大的詩人有關。這些都是我們國家裡，我們真正敬重的、為之驕傲的事物。建造這個加速器，與保衛我們的國家，沒有直接關係。可是，它讓我們的國家──值得保衛。」

威爾遜這段話，說得真是太棒了！

是啊！一個國家最大的驕傲，就是孕育出一個環境，讓人民不用為了生計發愁，有自信、有機會、有條件，去從事這些許多人口中的「無用之學」。

就像在美國建國之初，開國元勛約翰．亞當斯（John Adams）所說的：

「我必須學習政治和戰爭，這樣我的兒子才有機會去學習數學、哲學、地理、博物、商業和農業；這樣他的孩子，才有機會學習繪畫、詩歌、音樂、建築、雕塑、編織和陶瓷。」

即便某些專業，真的沒有「實用價值」，真的沒有「經濟效益」，那又如何？

因為，能允許一群人鑽研無用之學，是社會所能達到的最高境界。

本文出自 Liou YanTing 臉書專頁

二〇二二

志恒老師的幸福練習室

也許你不知道，臺灣在輔導與諮商領域的學術與實務發展，可說是亞洲國家之冠。這是真的，尤其是學校的輔導工作制度，更是世界各國取經的對象。

曾有人問我：「為什麼我們能有此成就？」

我想了想，脫口而出：「因為臺灣社會夠民主！」

一個高度民主與自由的國家，同時也會是尊重差異與包容多元的社會。人們除了為成功者高歌之外，也會關心社會上的弱勢族群，特別是他們的心理健康。因此我認為輔導、諮商或助人工作的蓬勃發展，是一個國家社會正義的體現。

除了足夠民主之外，還要足夠富有。也就是當社會上大部分的人，都不需要為了溫飽而煩惱，便能開始追求吃飽穿暖以外的生活品質，也會更在意自己的心理健康。

於此同時，文學、藝術、娛樂等產業，也會高度發展，因為人們需要這些來滋養心靈，豐富精神層面。

在學校的課程裡，常有所謂的主科與副科。升學考試會考的就是主科，你得加強再加強；升學考試不考的就是副科，或所謂的藝能科目，輕輕帶過就好。

過去，我也是這麼看待學校裡的學科學習。然而，出社會後才發現，那些升學考試不考的，才是對我未來影響最大的。我也許早已忘記三角函數、元素週期表等學科知識；但我可能不會忘記音樂課時，曾經學過一首令人感動的經典名曲。我也許大學學測英文拿到滿級分；但我很後悔高中軍訓課時，沒能好好聽軍訓教官講解《孫子兵法》，而我現在才知道，裡頭蘊含了許多人生智慧。

當我們有機會接觸一些「無用之學」時，我們應該感到感恩。一方面，這代表我們處在一個高度文明、富足與民主的社會；另一方面，我們正在為未來的人生超前部署，現在用不到，不代表以後不會用上。

反思與覺察

1.檢視你的求學歷程，哪些科目你認為是最具有實用價值的？而哪些科目是對未來沒什麼幫助的？為什麼？

2.又不是每個人未來都要成為數學家、物理學家、天文學家或歷史學家，為什麼學校教育中，要安排這麼多困難又在未來生活上用不太到的學科呢？

3.如果你正在鑽研且有高度興趣的領域，目前沒什麼市場需求，也就是興趣暫時無法當飯吃，你會繼續堅持，還是放棄？或者有其他的做法？

4.本文作者提到：「在這專業高度分工的現代社會，我們都是『深層知識的淺層使用者』。」你是否能舉個例子說明這個現象？

企劃緣起

成長與學習必備的元氣晨讀

■親子天下執行長　何琦瑜

源於日本的晨讀活動

一九八八年，大塚笑子是日本普通高職的體育老師。在她擔任導師時，看到一群在學習中遇到挫折、失去學習動機的高職生，每天在學校散漫恍神、勉強度日，快畢業時，才發現自己沒有一技之長。出外求職填履歷表，「興趣」和「專長」欄只能一片空白。許多焦慮的高三畢業生回頭向老師求助，大塚老師鼓勵他們，可以填寫

「閱讀」和「運動」兩項興趣。因為有運動習慣的人，讓人覺得開朗、健康、有毅力；有閱讀習慣的人，就代表有終生學習的能力。

但學生們還是很困擾，因為他們根本沒有什麼值得記憶的美好閱讀經驗，深怕面試的老闆細問：那你喜歡讀什麼書啊？大塚老師於是決定，在高職班上推動晨讀。概念和做法都很簡單：每天早上十分鐘，持續一週不間斷，讓學生讀自己喜歡的書。一開始，為了吸引學生，她會找劇團朋友朗讀名家作品，每週一次介紹好的文學作家故事，引領學生逐漸進入閱讀的桃花源。

沒想到不間斷的晨讀發揮了神奇的效果：散漫喧鬧的學生安靜了下來，他們上課比以前更容易專心，考試的成績也大幅提升了。這樣的晨讀運動透過大塚老師的熱情，一傳十、十傳百，最後全日本有兩萬五千所學校全面推行。其後統計發現，日本中小學生平均閱讀的課外書本數逐年增加，各方一致歸功於大塚老師和「晨讀十分鐘」運動。

臺灣吹起晨讀風

二〇〇七年，《親子天下》出版了《晨讀10分鐘》一書，書中分享了韓國推動晨讀運動的高效果，以及七十八種晨讀推動策略。同一時間，天下雜誌國際閱讀論壇也邀請了大塚老師來臺灣演講、分享經驗，獲得極大的迴響。

受到晨讀運動感染的我，一廂情願的想到兒子的學校帶晨讀。選擇素材的過程中，卻發現適合十分鐘閱讀的文本並不好找。面對年紀越大的少年讀者，好文本的找尋越加困難。對於剛開始進入晨讀，沒有長篇閱讀習慣的學生，的確需要一些短篇的散文或故事，讓少年讀者每一天閱讀都有盡興的成就感。而且這些短篇文字絕不能像教科書般無聊，也不能總是停留在淺薄的報紙新聞，才能讓這些新手讀者像上癮般養成習慣。如果幸運的遇到熱愛閱讀的老師和家長，一些有足夠深度的文本還能引起師生、親子之間，餘韻猶存的討論。

我的晨讀媽媽計畫並沒有成功，但這樣的經驗激發出【晨讀10分鐘】系列的企畫。在當今升學壓力下，許多中學生每天早上到學校，迎接他的是考不完的測驗卷。我們希望用晨讀打破中學早晨窒悶的考試氛圍。每日定時定量的閱讀，不僅是要讓學習力加分，更重要的是讓心靈茁壯、成長。在學校，晨讀就像在吃「學習的早餐」，為一天的學習熱身醒腦；在家裡，不一定是早晨，任何時段，每天不間斷、固定的家庭閱讀時間，也會為全家累積生命中最豐美的回憶。

第一個專為晨讀活動設計的系列

帶著這樣的心願，二〇一〇年，我們開創了【晨讀10分鐘】系列，邀請知名的作家、選編人，如：張曼娟、廖玉蕙、王文華等，為少年兒童讀者編選類型多元、有益有趣的好文章，陸續推出：《成長故事集》、《親情故事集》和《人物故事集》（現已改版為《堅持夢想我前進》）等十餘本好書，裡面的人物故事不止雋永易讀，他們的成長過程，亦十分適合作為少年讀者的學習典範。

二〇一九年，因應一〇八課綱上路，【晨讀10分鐘】關心的觸角亦從個人拓展至社會、國際，開始企劃與時下議題密切相關的主題，如：國際ＮＧＯ工作者褚士瑩選編的《世界和你想的不一樣》、臺灣最大的科學社群PanSci泛科學選編的《科學和你想的不一樣》、帶領讀者思考全球永續發展議題的《未來世界我改變》、培養數位公民素養力的《未來媒體我看見》，以及引導青少年思考的《做自己，不一定要叛逆》、《思辨世代我啟動》、《幸福的正向練習》等書，提供讀者不同領域、類型的文本，也為孩子儲備面對多元未來的能力。

同時，【晨讀10分鐘】也與閱讀素養先鋒推手黃國珍及其帶領的團隊品學堂合作，開始有系統的為本系列書籍量身設計《閱讀素養題本》，用意不在於測試孩子讀懂多少，而是要用系統化的方式，帶領孩子理解文本，並融合自身經驗深入探究，才能真正達到吸收內化的目的。

推動晨讀的願景

在日本掀起晨讀奇蹟的大塚老師，在臺灣演講時分享：「對我來說，不管學生在哪個人生階段……，我都希望他們可以透過閱讀，讓心靈得到成長，不管遇到什麼情況，都能勇往直前，這就是我的晨讀運動，我的最終理想。」這也是【晨讀10分鐘】這個系列出版的最終心願。

[中學生]晨讀10分鐘 幸福的正向練習

選編人｜陳志恆
作　者｜陳志恆、江宏志、胡展誥、曾寶儀、徐慧玲
羅鈞鴻、陳怡嘉、宋怡慧、王雅涵、許峰源
劉彥廷

責任編輯｜江乃欣
封面及內頁設計｜dinner illustration
電腦排版｜中原造像股份有限公司
行銷企劃｜葉怡伶

天下雜誌創辦人｜殷允芃
董事長兼執行長｜何琦瑜
媒體暨產品事業群
總經理｜游玉雪
副總經理｜林彥傑
總編輯｜林欣靜
行銷總監｜林育菁
副總監｜李幼婷
版權主任｜何晨瑋、黃微真

出版者｜親子天下股份有限公司
地址｜臺北市104建國北路一段96號4樓
電話｜（02）2509-2800　傳真｜（02）2509-2462
網址｜www.parenting.com.tw
讀者服務專線｜（02）2662-0332　週一～週五：09:00~17:30
讀者服務傳真｜（02）2662-6048
客服信箱｜parenting@ cw.com.tw
法律顧問｜台英國際商務法律事務所．羅明通律師
製版印刷｜中原造像股份有限公司
總經銷｜大和圖書有限公司　電話：（02）8990-2588

出版日期｜2024年6月第一版第一次印行
定價｜450元
書號｜BKKCI033P
ISBN｜978-626-305-857-6

訂購服務
親子天下 Shopping｜shopping.parenting.com.tw
海外．大量訂購｜parenting@ cw.com.tw
書香花園｜台北市建國北路二段6巷11號　電話（02）2506-1635
劃撥帳號｜50331356

國家圖書館出版品預行編目資料

（中學生）晨讀10分鐘：幸福的正向練習／陳志恆，江宏志，胡展誥，曾寶儀，徐慧玲，羅鈞鴻，陳怡嘉，宋怡慧，王雅涵，許峰源，劉彥廷作. -- 第一版. -- 臺北市：親子天下股份有限公司，2024.06
288面；14.8X21公分
ISBN 978-626-305-857-6（平裝）
1.CST：自我實現　2.CST：情緒管理
177.2　　113004720